パリのおいしい空気

フレンチレストラン最旬アドレス

狐野扶実子
Fumiko Kono

パリのおいしい空気
フレンチレストラン最旬アドレス

パラスと珠玉のレストラン

旬のレストラン

Contents

ビストロ&ブラッスリー

個性派レストラン

ワイン＆バー

スイーツ＆サロン・ド・テ

Contents

パリならではの買い物

※本書は雑誌「éclat」に掲載した連載を加筆・再編集してまとめたものです。
※各店のデータは、2015年6月現在のものです。営業時間や料金などは変更になる場合もあります。また表記の㊡は定休日です。
年末年始、サマーバケーションシーズンなどの営業については各店で異なりますので事前にご確認ください。
※メニューは連載当時のものですので、一部変更になったものもあります。

はじめに

「おいしい」という言葉を、みなさんはどんなときに使いますか？

食べた途端に思わず口元をほころばせながら出てくる「おいしい！」もあれば、ゆっくり噛みしめた後に胸の奥からため息とともに出てくる「おいしい……」もあります。口をもぐもぐさせながら独り言のように「おいしいおいしい」とつぶやくことだってあります。料理を作ってくれた人に感謝の気持ちを伝えようとするときにも、「おいしかった」という表現は欠かせませんよね。不思議なことに同じお店で同じ料理を食べても、受ける「おいしい」の印象が毎回同じとは限りません。食事を共にした方のお陰で、前回よりも料理が数倍もおいしく感じられたことがあると思います。もしかしたら、料理人さんのその時の気分が料理のおいしさに変化をつけていることだってあるかもしれません。

「おいしい」は日常よく使う言葉ではありますが、その中身は一期一会で、その瞬間に味わった「おいしい」と全く同じおいしさにはもう二度と出会うことはできないと思うのです。そう思うと「おいしい」は私にとって、このうえなく愛おしいものに感じられるのです。

今回はパリでしか味わうことのできない、パリという街だからこそ味わえるチャーミングな「おいしい」を集めました。様々なジャンルにおいて、必ず、おいしいパリの空気を味わっていただける注目のアドレスをご紹介したいと思います。

「ル・ブリストル」のメインダイニングの三ツ星レストラン『エピキュール』にて(P. 8)。すべてが一流。何度も繰り返し訪れたくなるパラスです。

01

何度も訪れたいパラス

Le Bristol (Epicure)
ル・ブリストル（エピキュール）

フランスのホテル格付け制度が２０１０年に変わり、最高級の五ツ星のなかでもとくに抜きん出たところを「パラス」と称するようになりましたが、パリでも指折りのパラスがここ『ル・ブリストル』。

そしてこのホテルのメインダイニングが三ツ星レストラン『エピキュール』です。一口にフランス料理といっても、さまざまなタイプのレストランがありますが、ユネスコの無形文化遺産にも指定されているフランス料理の格調の高さを堪能するのにベストな場所がこのレストランだと思います。パラスのメインダイニングという格式ももちろんですが、厨房を率いるエリック・フレションシェフの料理は、フレンチの偉大なる伝統の象徴。素材のよさはもちろんのこと、フランス料理の王道をしっかりと守りながら、オリジナリティあふれるアイデアを取り入れたりして、現代社会の好みに合わせた進化を遂げている。そのバランスが素晴らしいのです。

私が初めてフレションシェフの料理を味わったのは、彼がパリ20区の下町で小さなレストラン『ヴェリエール』を開業していたとき。今から20年くらい前のことですが、それは感動的な体験で、以来シェフのファンになりました。今でこそ野菜をデザートに使うことは珍しくありませんが、その時代にナスがコンポートのようになって出てきたのは衝撃的でしたし、食材の力強さをそのまま料理の皿に表現していました。

パラスの三ツ星シェフになってからも、この力強さと革新的なところは、フレションシェフならではのものとして存在。例えば豚やサバなどの食材は、どちらかというと庶民的なものという認識がありますが、そういったものを三ツ星の料理として見事に昇華させてみせてくれます。数年前に『エピキュール』で豚の頭から足の先までというような名前のついた料理をいただいたのですが、そこで見たものは、まさにフランスにおける食材に対する、計りしれないほどの探究心でした。足の部分がファルシーになっていたり、ブダンノワール（腸詰め）があったり、ひとつの皿のなかにすべての部位がさまざまな形で存在していて、一つの食材からこれほどまでに異なる味のコントラストがあるものかと関心しました。また食感もとてもバリエーション豊か。しかもそれらすべての要素が絶妙なバランスで調和しているのです。

このレベルは熟練された仕事をしないとそこまでたどり着けないような緻密なもので、ごくまれにしか出会えない料理。それを味わうためにフランスに来てもいいというくらいのものです。その完璧さはサービスにも貫かれていて、スタッフの身のこなしや応対も、給仕という枠を超えてすでにアートの域。パリでしか味わえない最高のレストランのひとつです。

Le Bristol (Epicure) map-**4**
ル・ブリストル（エピキュール）

112 rue du Faubourg Saint-Honoré 75008 Paris ☎＋33・(0)1・53・43・43・40
㊐7:00～10:30（朝食）、12:00～14:00、19:00～22:00 無休
最寄駅 Miromesnil デギュスタシオンコース（昼・夜とも）€295、季節のコース（昼のみ）€135、アラカルトの前菜€75～、メイン€69～、デザート€31～

Sommet de perfection, grand luxe absolu

―――――― どこまでも完璧な贅沢さ

1

1 ソローニュ産のキャビア。レモンとシブレットのクリームを詰めたそば粉のスティックとともに。€145。料理をはじめ、デザートなど美術品のオブジェのようなメニューが続きます
2 エリック・フレションシェフはMOFのタイトル保持者でもあります
3 ラングスティーヌをセロリのジュレで包み、ソースにはゆずの隠し味を。€98
4 美術作品のオブジェのようなデザート

4

3

2

02

進化する伝説のレストラン

Alléno Paris au Pavillon Ledoyen
アレノ・パリ・オ・パヴィヨン・ルドワイヤン

ヤニック・アレノさんが『ル・ムーリス』を去ったあと、パリとその周辺の地方に焦点をあてた新しいコンセプトのビストロ『テロワール・パリジャン』を開くなどの活躍はされていましたが、次はパリのどこで、いつ、彼のガストロノミーの料理が食べられるのか、みなが首を長くして待っていました。

そして、いよいよ2014年の夏から『ルドワイヤン』に登場することになり、大きなニュースになりました。『ルドワイヤン』といえば、ナポレオンの時代から続く歴史あるレストラン。老舗の旅館にいる神様、ではないですが、その場所になにか宿っているような格別な雰囲気のある空間です。そういった由緒ある素晴らしい舞台でどんな料理を披露してくれるのか、とても楽しみですが、特に私が一番注目しているのは、フランス料理の歴史において革命ともいえる展開を見せつつあるアレノさんのフィロソフィーを感じること。「Sauce Moderne（ソース・モデルヌ＝現代のソース）」と命名された、アレノさんが新しく創造したソースを味わうことなのです。

フランス料理におけるソースの大切さはみなさんご存知かと思いますが、ここ最近はどんどん省かれていく傾向にありました。そもそもクラシックなソースというとたまねぎ、セロリ、ニンジンなどの香味野菜や香草を一緒に火にかけて抽出した汁にバターやクリーム、アルコールなどを加えて作るものでしたが、アレノさんの「ソース・モデルヌ」は、材料から別々に抽出したエッセンスを最後にアッサンブラージュする手法。実際に味わってみると、ソースを構成しているひとつひとつの野菜がいっそう深い味わいとして感じられる、今までにないまったく新しいタイプのソースです。バターなどで重くなったイメージのソースを外すことで現代の嗜好に合わせるのではなく、ソース自体を見直して新しいフランス料理として発展させてゆくという試みは、歴史的に特筆すべきことだと思います。

また、彼の料理はベージュや白が基調になった優しい色合い。あまりフラッシュな感じではない、穏やかでナチュラルなものなので、一見するとごくシンプルな印象なのですが、食べてみるとまったくそれとは正反対。とても複雑な料理なのです。例えばラングスティーヌなどは、すべてが最高の状態で料理されたものはいかに存在感豊かであるかに開眼させられる、食材の一生が凝縮されているような感動があります。

いずれの料理でも、付け合わせの一粒にいたるまで、お皿を構成しているものすべてに意味がある。豪快さと品のよさ、どちらかが突出するのではなく、絶妙な均衡が保たれているアレノさんの新世界です。

Alléno Paris au Pavillon Ledoyen map-**4**
アレノ・パリ・オ・パヴィヨン・ルドワイヤン

Carré des Champs-Elysées 8 avenue Dutuit 75008 Paris
☎＋33・(0)1・53・05・10・01 ㊡土曜の昼、日曜
デギュスタシオンメニュー €275 昼のコース（4品）€135

Le théâtre culinaire hors du temps

―――― 時代を超越した食の舞台

シャンゼリゼ通りの横、コンコルド広場近く、
18世紀後半に小さなオーベルジュとして発祥。
現在目にする緑に囲まれた瀟洒な館は19世紀、
第二帝政様式でつくられたもの。エントランスから
メインダイニングへと誘う優雅な階段の向かいには、
創業年と同時代の風景画が揚げられ、クラシックな
雰囲気に満ちた空間の由緒を漂わせています

雌鶏のポシェ　ソース・モデルヌ。
アレノシェフの新境地
「ソース・モデルヌ」を堪能する一品

ラングスティーヌの料理。
ラングスティーヌから引き出した
エッセンスにオリーブオイルを
取り合わせたソースを添えて

自らテーブルをまわって白トリュフを
スライスしたり、ソースを注いだり、
お客さんと間近に
コンタクトしているアレノさん

03

Arpège
アルページュ

五感で愛でるアート

私にとって『アルページュ』は、アラン・パッサール氏が生み出すアートを楽しみに行く場所。レストランというよりもむしろ美術館に近いような場所だと思っています。「メゾン・ド・キュイジーヌ（料理の家）」と言われるとおり、こじんまりした邸宅のなかで、味覚、臭覚、聴覚など五感を使ってアート作品を楽しむ。お皿が運ばれてくると、どういうコンセプトをシェフはここにこめてクリエーションしているのかな、と思いを馳せつつ、感覚を敏感にしながらいただきます。

もしその店がきらびやかな内装で高価な食材が揃っていれば、もうそれだけで「三ツ星」と納得することは多いと思いますが、同じ三ツ星のカテゴリーでもここはまったく違う。ピエール・エルメさんがおっしゃった「簡単には理解し難しいレストラン」という形容がまさに象徴的です。「野菜料理だけでどうしてこんな値段なの？」という目線では楽しめないと思います。例えば私が料理をお出しするときでも、「透けるような大根はまるで和紙のようですね」と言ってくれる方もいれば、「こんな薄っぺらい野菜があっても……」という見方をする方もいるかもしれない。そこになにか芸術的なものを見いだそうとしてくれる方には、作り手が込めた気持ちが通じるように、『アルページュ』はアートを愛でる気持ちを持った人こそ楽しめる場所だと思うのです。

今でこそ野菜に重きを置くレストランが増えていますが、アラン・パッサール氏がそれを始めたときは衝撃的でした。ちょうど私がここで働いていた１９９０年代の終わり、狂牛病で立ち上がれずにもがいている牛がテレビに映される度に、皆恐怖に怯えたものです。そしてシェフは「肉からインスピレーションが湧かなくなった」と、メニューから肉を外したのです。調理場ではがっかりしたり、心配する人も多かったのですが、私にとってそれはマイナスではなく、ひとつの新たな可能性が広がるチャンスと思いワクワクしたものでした。シェフ自身の菜園をパリから離れた地方に作り、当初は採れたての野菜をスタッフが電車で運びました。そして時間をかけてひとつの塊の肉を焼き上げるように、そのテクニックを野菜の火入れに応用したのです。

ここを訪れると、かつてここで仕事をしたという懐かしさもありますが、それよりどんどん先に走って行くシェフのイマジネーションが毎回刺激的。今回は鶏と鴨を半身ずつ縫い合わせて塩竃でじっくりと焼くという前代未聞のレシピを披露されましたが、バレエを見ているとき、ふたつのボディの重なりからインスピレーションが湧いたのだとか。誰にも真似のできない意表をつくような発想。毎日の生活で見るものすべてを創作につなげようとするシェフの姿勢に改めて感銘を受けました。

Arpège map-**13**
アルページュ

84 rue de Varenne 75007 Paris ☎33・(0)1・47・05・09・06
㋖12:00～14:30、19:00～22:30 ㊡土・日曜
デギュスタシオンコース（昼€140、夜€320）などのほかアラカルトもある

"Maison de cuisine" d'un artiste unique au monde

——唯一無二のアーティストシェフの家

1 新作を披露する
アラン・パッサール氏と。
客席を回って常連さんと
親しげに会話を交わす様子
も、「メゾン(家)」という名
にふさわしい
アットホームな雰囲気
2 デギュスタシオンコースでは、自身の菜園で採れた
野菜がふんだんに
3 全部で十数皿にもおよぶ
コースの最初に登場した
ビーツのお寿司
4 根菜のピュレと
プラリネの取り合わせ
5 焼き上がった鶏と鴨。
これを厨房でさばき、野菜
と一緒に上品に盛りつけて
再びテーブルに運ばれます

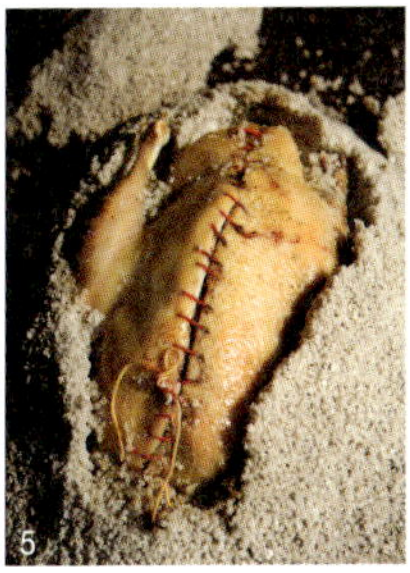

04

21世紀のパラス

Alain Ducasse au Plaza Athénée
アラン・デュカス・オ・プラザ・アテネ

パリを代表するパラスのひとつ、『プラザアテネ』が、2014年夏に新装オープン。そのメインダイニングが世界的巨匠アラン・デュカス氏が手がけるレストランです。まるで異次元の世界に足を踏み入れたような空間の中で最初に目に入るのが見事なシャンデリア。〝雨のクリスタル〟とも呼ばれていますが、もともとあった歴史遺産に指定されているシャンデリアのまわりを雫のようなクリスタルで囲んでいます。これを見ると、私はなんだかとても優しいものを感じます。伝統ある大切なものを新しい手で包み込んで守っているような、そんな印象を受けるのです。新旧の共存が1足す1で2になるのではなくて、それ以上の斬新な美しさを表現している。まるでそれは、今までのフレンチの歴史を保ちながら新しいものを生み出しつつあるこのレストランそのものといってもいいかもしれません。

料理のコンセプトで画期的なのが、メニューにお肉がないこと。街の小さなレストランならわかりますが、パラス級のダイニングで肉を出さないというのは大胆な決断で、ここまではっきりとしたコンセプトを打ち出せるのはデュカス氏ならでは。魚、そしてこれまではつけ合わせでしかなかったような野菜、さらに脇役も脇役だった雑穀類がメインの食材として登場するのです。テーブルについて最初に出てくるのは、果物や野菜を絞った飲み物。特に根菜を絞ったドリンクなどは、フランスの土の豊かな風味が体の細部にまでダイレクトにしみわたり、体内時計が一気にリセットされるようです。そして一緒にでてくるのがシリアルのガレット。パラスといえば高級食材が連なるメニューを想像しがちですが、もはやそういう時代は去りつつあって、今は人間が健康であることと美食の両方の喜びが共存する食事が展開されるという意味で、ここは次世代のパラス。21世紀のパラスとでも呼びたい場所です。

定番のひとつ、キャビアとランティーユ（レンズ豆）の前菜もしかり。ランティーユといえば、フランスでは女性にとって必須な食材とされています。特に鉄分など多く含まれる栄養価の高いものですが、ガストロノミー的見地からすると庶民的で質素な食材という認識がありました。それがここではキャビアと同等のものとして出てくるのです。また、日本の要素をフレンチに組み込むのは珍しいことではありませんが、昆布をデザートとして生かすあたりはさすが。海藻に含まれるヨウ素のミネラル感が、レモンの風味をこの上なくきわだたせながら、シャーベットの酸味をほどよくやわらげているところがこのデザートの醍醐味です。歴史や国境、そしてそれぞれの嗜好までをも超越して打ち出される新たなコンセプト。それがデュカス氏なのだと改めて実感しました。

Alain Ducasse au Plaza Athénée map-**2**
アラン・デュカス・オ・プラザ・アテネ

25 avenue Montaigne　75008 Paris
☎＋33・(0) 1・53・67・65・00
㊔12:45 ～ 14:15、19:30 ～ 22:15
㊡土曜、日曜　※ランチは木曜、金曜のみ

Plus saine et plus naturelle,
Plus pure et plus précise
La cuisine évolue.

―――ヘルシーでナチュラル、ピュアさと卓越の進化形

2 1

4 3

1 ニース産レモンのシャーベット、エストラゴンと昆布のジュレ添え。€40
2 きらびやかな中にも、木の質感など家庭的で温かいものを感じます
3 巨大なきのこの傘の下、あるいは繭に包まれているような雰囲気の特等席
4 キャビアの下にランティーユが層をなしている定番の一品。€165

05

Astrance
アストランス

旬であり続ける三ツ星

次の月の予約が、2日間の電話予約で埋まってしまうというほどの人気を誇る三ツ星店『アストランス』。シェフのパスカル・バルボ氏と私とは『アルページュ』で同時期、といっても、彼がスーシェフだったときに、私がスタージュ（研修）に入ったというタイミングでしたが、それからずっと20年近くの付き合いが続いています。

その『アルページュ』で一緒だったメートル・ドテルのクリストフと組んで彼が2000年に開いたのがこの店。まさかこの小さな店がこんな短期間に三ツ星までになるとはみんな想像していなかったと思います。料理人やレストラン経営者の人から見れば夢のような話。いま続々と登場して注目されている若手シェフたちにとって、パスカルは憧れの存在で、みんなが目標にしている人だと思います。

レストランの名前や内装は、その店の料理のコンセプトやシェフの仕事を象徴しているといわれますが、「アストランス」もまさにそう。小さな白い花を咲かせる高山植物の名前をとったこの店は、人気の三ツ星店にもかかわらず、あまり表立たず、16区の静かな通りにこぢんまりとあります。厨房もごく小さく、店内もけっしてゴージャスな内装ではありませんが、お皿の上のプレゼンテーションには、白く可憐な高嶺の花のイメージさながらの清らかさがみなぎっています。

この店の豊かさをひとことで表現するなら、パスカルのひらめきの料理。「アレルギーはないですか？」という質問からおまかせコースが始まるタイプの店が最近多くなってきましたが、「カルト・ブランシュ」と呼ばれるメニュー（お品書き）がないスタイルを一番最初に始めたところが『アストランス』なのです。あらかじめ決まったものがあるのではなくて、その日の最高の食材で、最高のものを作る。だから、毎日料理が変わるだけでなく、隣の席の人とこちらのテーブルのコースの構成も違えば、料理の内容も違ったりすることもある。その瞬間瞬間に創造できる最高のもの、二度と同じ食材の同じものは食べられない、その瞬間にしか出会えないメニューなのです。

もちろん、しばしばコースのなかに登場する彼のスペシャリティというのもあって、焦がしたパンのヴルーテや、カマンベールと牡蠣とを組み合わせた前菜など、いずれも不意をつかれるような料理。彼のすごいところは、そういった私たちには思いもよらない組み合わせや、世界の食材も取り合わせて高い完成度でひとつのお皿の上に実現して見せてくれるところです。

料理にはほんとうに無限の可能性があるということを、ここ『アストランス』では強く感じられるのです。

Astrance map-**11**
アストランス

4 rue Beethoven 75016 Paris　☎＋33・(0) 1・40・50・84・40
㊪ 12:15 ～ 13:30、20:15 ～ 21:30　㊡土・日・月曜　最寄駅 Passy
メニューはすべておまかせで、昼のコース€70、季節のコース€150、アストランスコース€230

1 ビビッドな色がアクセントになった客席は全25席
2 ビーフのタルタルとマテ貝レモンムース。揚げたエシャロットと牡蠣のオイルを最後に垂らして
3 イワシのマリネにはオゼイユの葉を添えて。奥にはパリ近郊の日本野菜栽培家、山下農園から特別に仕入れているカブを薄くスライスしたもの。その上の黒い粉は、乾燥させたレモンを焼いて作った灰
4 パッションフルーツとヘーゼルナッツのクリームをサンドしたそば粉とカラメルのリーフ

2 1
4 3

Un menu choisi par vous et pour vous

―――――一期一会のメニュー

06

料理界のキーパーソン

Jean-François Piège
ジャン－フランソワ・ピエージュ

ジャン－フランソワ・ピエージュさんは、レストラン『アラン・デュカス』や『オテル・ドゥ・クリヨン』などパラス級ホテルのレストランで活躍した名シェフ。2009年に独立し、パリの老舗のブラッスリー、『Thoumieux（トゥーミュー）』をリニューアルして以来、料理界のキーパーソンの一人といっていい存在です。これまでのどのレストランとも違っていて、2010年にオープンしたレストラン『ジャン－フランソワ・ピエージュ』は、まるで誰かのお宅のサロンに招かれたような雰囲気のガストロノミーレストランで、たちまち二ツ星を獲得。そのはす向かいにはパティスリーを開き、また2014年にはサンジェルマン地区に邸宅キッチンとでも呼びたいようなお店『CLOVER（クローバー）』を開店するなど、彼が新しい試みをするたびに、パリではビッグニュースとなって注目を集めてきました。

なかでも『ジャン－フランソワ・ピエージュ』で私が感じるのは、見た目の美しさはもちろんなのですが、いわゆる流行の調理法を取り入れることなく、伝統的なテクニックを駆使した王道ガストロノミーに徹していること。エスコフィエやルシアン・タンドレなどが著した料理大全の古典レシピを彼ならではの解釈で再現したりしていて、斬新なコンセプトの店でありながら、じつは時代に迎合しない確固たる料理への姿勢が見えるのです。

食材へのこだわりも目を見張るほど。あるとき業者から運ばれてきた、生きたラングスティーヌを見せてくれたのですが、一尾一尾が直立した状態になるような厚紙で区切られた箱に入っているのにびっくり。厳選した食材というだけでなく、それを運ぶ環境までも含めたこだわりはすごいものだと思いました。

ほかにも彼とはよく食材の話をするのですが、特に面白かったのは、缶詰や瓶詰になった食材が必ずしも新鮮なものより劣っているのではないということでふたりの意見が一致したこと。

例えばグリンピース。スーパーの棚を見ればいろんなメーカーの缶詰がずらりと並んでいるほど、グリンピースはフランスの日常で最も使われている食材のひとつですが、色も食感もフレッシュなものには比べものにならないというイメージがあると思います。でも彼の見方では、そもそも別物として、それを生かす食べ方を考えるべきだと。トリュフにしても、生がない時期だからやむをえず缶詰や瓶詰を使うのではなく、火が通ったものだからこその味を料理に組み込めばいいのだという考え方には私もまったく同感。柔軟な発想も併せもった食材へのこだわり、並々ならぬ探究心が可能にしたのが彼の料理なのです。

Jean-François Piège map-**14**
ジャン－フランソワ・ピエージュ

Thoumieux（トゥーミュー）79 rue Saint Dominique 75007 Paris
この2階にあるレストランは、2015年6月末にクローズし、移転。
2015年秋にはオープン予定。Jean-François Piège,Le Grand Restaurant
7 rue d'Aguesseau 75008 Paris 詳しくはwww.jeanfrancoispiege.com

1

Concepts originaux basés sur une recherche permanente

——————探究心が可能にする独自のコンセプト

2

1 思わずうれしい歓声があがる
「グリニョタージュ」（前菜）のプレゼンテーション
2『オテル・ドゥ・クリヨン』のシェフとしても
名を馳せたジャン－フランソワ・ピエージュ氏。
2015年、次のステージを見据えて移転を計画中

07

Septime

セプティム

“ナチュラリスト”

いまパリで食に求められていることの一つは、ひと目で何を食べているのかが分かる明確さ。複雑すぎず、食材の持ち味がきちんと出ていることが大事で、『セプティム』の料理にはそれが象徴的に表れています。人のTRACE（トラス＝足跡）のようなものが感じられる年季のはいった木のテーブルや柱、自然の中の田舎家のような素朴な雰囲気のなかでいただくのは、体にすーっとなじむような軽さのある料理。高級ガストロノミーとも、伝統的なビストロ料理とも一線を画すものです。

何時間も火を通した煮込み料理というよりは、サービスの直前に火を通す、フランス語でいうとア・ラ・ミニュットという火入れで仕上げた料理が多く、脂っこさもなく、さっぱりしていて、お皿の中の構成要素は3〜4くらい。使う素材もオーガニックで、ワインもビオやビオディナミという、このような新しいレストランの傾向を私は「ナチュラリスト（自然主義的）」とも呼べるのではないかと思っています。しかもこれは、すぐに消えてしまうような一時の流行ではなくて、1970年代に出現したヌーベルキュイジーヌの流れと同じくらいに意味があるムーブメント。料理の歴史において一つの「枝」となる現象。さらにいえば、この傾向はパリに限らず世界的なもので、ニューヨーク、シドニー、コペンハーゲンなどあらゆるところで、比較的若い世代の30代くらいのシェフによって展開されているのが特徴的です。

一見シンプルなだけに、ある意味、真似されやすい料理ともいえるのですが、『セプティム』が傑出しているのは、シェフのベルトラン・グレボさんの経験と実力によるもの。高級ガストロノミーのグランメゾン出身なだけに、さまざまな調理法やテクニックのベースがしっかりしていて、さらに彼ならではの解釈でフランスの伝統を引き継いでいるところが素晴らしい。例えば、彼の祖母が作ってくれたという野菜のファルシーや、ビストロの定番料理、ブッフブルギニヨンの要素をいま最も新しいといわれるプレゼンテーションのなかにさりげなく組み込んでいます。以前訪ねたときには、軽く火入れしたオマール海老に赤ワインソースを添えていたのですが、このソース、じつは魚の骨をベースにして手間ひまかけて作る伝統フレンチの王道ともいえるソース。このように、素材そのものの持ち味を大切にしながらさっと火を通したものと、時間と手間をかけたクラシシズムをひとつのお皿の中に共存させているのです。

よく見かけそうでいて、単純に「今はやりの」という言葉でくくってしまえないものがここにはあるのです。世界のどこでもなく、ここパリでしか食べられない最先端のナチュラリスト。その一つが『セプティム』のベルトランの料理なのです。

Septime map-**7**
セプティム

80 rue de Charonne 75011 Paris　☎＋33・(0) 1・43・67・38・29
㈸ 12:15〜14:00、19:30〜22:00　㉁土・日・月曜昼
最寄駅 Ledru-Rollin、Charonne　昼のコース€30と€60、
夜のコース€65　昼は2週間前、夜は3週間前の予約がベター

たまたま居合わせた有名ビストロのシェフたちと乾杯。
右端のエプロン姿の男性がシェフのベルトラン・グレボ氏

"naturaliste"
nouvelle tendance
sans frontière

国境を超えた
新しいスタイル

豚のバラ肉には、からし菜などのハーブと
ラデュッシュを添えて。ひげがついたままで
ラディッシュを使うのも“今”

コースのデザートは
「リンゴのコンポート
藁風味のアイス
黒糖クランブル」

08

David Toutain
ダヴィッド・トゥタン

海と森が宿る皿

最も予約が取れない人気店のひとつだった、『アガペー・シュプスタンス』のシェフ、ダヴィッド・トゥタンが2013年に独立。上質なお店がひしめく激戦エリア7区に彼自身の名前をつけオープンさせ、注目されています。

フランスに修業に来ることが多い料理人の世界で、彼は母国フランスだけでなく、スペインや北欧、NYでも修業を積み、その豊富な経験によって得たエッセンスを昇華して新しい形でお皿の中に表現しています。お店に入ってまず感じるのはナチュラルな心地よさ。これはまさに彼の料理のフィロソフィー「すべての味わいは、自然に宿る」にも通じるもので、「ここは自分の家庭のよう」という内装は、料理をよりいきいきと見せるために整えられたという印象。水を得た魚のごとく、ダヴィッドの世界が展開されてゆくことでしょう。

さて、今のパリの傾向として、より自然なスタイルでハーブなどの素材を駆使する「ナチュラリスト」の流れがあります。なかでも彼のスタイルは格別。お皿に何げなくハーブがのせてあるのではなく、厳選したハーブひとつひとつに、まるで命が宿っているかのように大切に、息をつめるようにしながらピンセットを駆使しておいていく。そうやって仕上げるプレゼンテーションは神秘的といっていいほどのものです。

もうひとつおもしろいのは、料理の構成要素を聞いても、味がすぐに想像できないところ。例えば、日本の湯葉に感動して創作したという料理。パルメザンチーズ風味の葛に、鰹と牡蠣のだしをブレンドした豆乳をかけていただくというひと皿は、食べてみて本当にびっくり。食感、味わいともに、まったく新しい世界の扉が開くような印象です。

昨今あらゆるところで採用されている真空調理法から〝卒業〟したというのも興味深いことです。鮮やかなロゼの鳩は、内臓を抜かずに丸ごと何日も手をかけながら熟成させ、ゆっくりていねいに焼いたもの。肉汁が繊維の中にしっかりと保たれているからこそ鮮やかな色が出るのです。とかく日本ではなんでも臭みを取る傾向がありますが、フランスは食材本来の持ち味をより大切にします。内臓の風味までを含めて素材を十分に生かすというのがフレンチならではの考え方なのです。

余談になりますが、ご自宅で合鴨ロースを焼くときのワンポイント。表面の皮をそぎ取ったりせず、冷蔵庫の中で一日乾燥させてみてください。すると皮が縮まり、肉に火が通りやすくなると同時に、皮はツヤよくパリッと仕上がりぐっと美味しく。ぜひ試してみてください。

David Toutain map-**14**
ダヴィッド・トゥタン
29 rue Surcouf 75007 Paris
☎＋33・(0)1・45・50・11・10
㊔12:00～14:30、20:00～22:00 ㊡土・日曜

Une mise en scène de rêve

——— 繊細にして温かな味わいの舞台

2

1

3

4

1 日本に来た際、出会った料理から
インスピレーションを受けたひと皿
2 色合いも美しい鳩料理。見えないところにも
時間と手間をかけた料理は、味わったときの
感動が違います
3 湯煎でやわらかく火を通したイカ。
グリルしたネギ、エシャロットのコンフィ、
イカスミのソースとゴマを添えて
4 カニの甲羅の内側、膜の内側を
素揚げにした突きだし

09 Cobéa コベア

美食界の新星

店の名前『コベア』は、メートルドテル（ジェローム・コビュ）とシェフ（フィリップ・ベリサン）ふたりの名字を組み合わせて、そこにアソシエ（共同経営者・盟友）の頭文字aをつけたもの。おまけに、南米の植物の名前でもあるんだそうです。

ジェロームは三ツ星の『アストランス』にいたときから知っていて、若くて情熱をもって打ち込む姿を好もしく思っていました。その彼が一ツ星『ロテル』を一緒に切り盛りしていたフィリップと組んで独立すると聞いて、すごく楽しみにしていました。

こちらの料理。まず前菜にはｄａｓｈｉ（だし）が使われていて、生の車エビに注いでエビ本来の甘味を引き出しています。フランス料理の世界で、ｄａｓｈｉはもうそのまま単語として通用するくらい浸透。

ただし、きちんと食材のことを知らないと、こんなふうにうまく生かすことはむずかしい。日仏間でのシェフの行き来は以前からありましたが、かつては、日本のイベントに招かれた三ツ星シェフたちがほとんどでした。しかし今はもっと若い人が気軽に来られる機会が増え、特に京都の老舗の料理人たちとの交流も盛んで、本格的なだしのとり方を勉強したり、私たち日本人でも知らない様な、科学的分析に基づいた日本食の調理法などを学ぶ外国の料理人が増えてきています。

メインのマトウダイの料理では、その香りの複雑性に意識を捕らわれます。貝、オレンジ、しょうが、ハーブ、数種のスパイス、それら様々な香りが単体のままではなく、ハーモニーをもって立ちのぼってくる……。香りを調和よく混ぜるのは、かなり計算をしないとできないこと。おまけにその中には、空気という〝軽さ〟の要素もある。泡状のソース、エマルジョンがその理由。バターやクリームを減らすだけではなく、空気を含ませ〝軽さ〟を出すというのが、今のフランス料理の大切な一つの傾向になっています。

ここでは、もっともっとおもしろいことをやっていこうという若いエネルギーを感じます。しかも目先の新しさを追うのではなく、ちゃんとした訓練と経験を積み、クラシックなベースをおさえたうえで。料理もピュアですが、彼らの人間性もピュア。だから私は、この店が好きなのかもしれません。

新世代の新しい感覚によって作り出される料理の数々に、パリの人々は大きな期待をもって今、見守っています。

Cobéa map-**17**
コベア
11, rue Raymond Losserand 75014 Paris
☎＋33・(0) 1・43・20・21・39
(営) 12:15 ～ 13:15、19:15 ～ 21:15　(休)日・月曜

2 1

3

Des plats originaux alliant tradition et modernité

未来を感じさせる美しいプレゼンテーション

4

1 マトウダイを使ったメインディッシュ。泡状のソース、エマルジョンが料理に〝軽さ〟をもたらしています

2 熱い〝dashi〟が注がれる前菜

3 デザートは、2種類を同時にサービスするスタイル。手前はショコラとキャラメルのケーキ。奥はパイナップルのデザート

4 モンパルナス界隈の住宅地に立つ、1920年代の建物を改装したかわいらしい一軒家レストラン。ハイレベルのガストロノミーを気取らない雰囲気の中で楽しめます

10

香気もごちそう

La Dame de Pic
ラ・ダム・ドゥ・ピック

南仏のヴァランスにある高級レストラン『Maison Pic（メゾン・ピック）』。曽祖母の時代から代々受け継がれてきたそのメゾンを守り、現在フランスで唯一の女性三ツ星シェフであるアンヌ・ソフィー・ピックさんは、特に女性の料理人たちの憧れ。世界的にも注目を集める存在です。その彼女がパリに新しく店を開くというのが前々から大きな話題になっていて、2012年9月に待望のオープン、翌年すぐにミシュランの一つ星も獲得したのが『ラ・ダム・ドゥ・ピック』。耳で聞けば、トランプの「スペードのクイーン」という意味ですが、「Pique」（スペード）と「Pic」（彼女の姓）をかけ合わせたしゃれたネーミングになっています。

さて、フレッシュなこのお店はフェミニンできれいなうえに、落ち着きのある居心地のよい空間。ナチュラルな質感のしっかりとした木のテーブルだったり、座り心地のいい椅子だったり、オリジナルのカトラリーなどの細かいところにもアンヌ・ソフィー・ピックさんらしいセンスが表れています。また、きびきびとした調理場のスタッフの動きが客席にも伝わってくるようなつくりはとてもファミリアルな感じで、しかもそれが外からも見えるというのがユニーク。通りがかりの人がみんな「あれっ、なんだろう?」と、足を止めてガラスの内側に注目する新鮮な店構えです。そのうえ、香水を選ぶように、まずは香りをかいでから料理のメニューを選ぶ。つまり、香りによってイマジネーションをふくらませるところから食事がスタートするというのもとてもおもしろいコンセプト。おそらくパリでは初めての試みではないでしょうか。

こちらの料理から連想する言葉は、「aéré（アエレ）」。コンセプトやデコレーションもそうですが、全体にエアな感じ、空気感があると思います。

肉料理、特に豚などはマスキュランなイメージの素材ですが、イチジクの優しい甘さと共にきれいにまとまっている。彼女のスペシャリティのひとつ、牡蠣のひと皿などは、カリフラワーのムースの上に紫と黄緑のカリフラワーの先を細かく削ったものをあしらった柔らかで繊細な色合いのプレゼンテーション。しかも、生の牡蠣を単純にゼリー寄せにしているのではなくて、一度熱を加えて弾力を与え、テクスチャーをよりしっかりとさせつつ、しかも生の味わいを損なわない調理法。きめの細かい泡に仕上げたムースともあいまって、食材のテクスチャーの混ざり具合はかなり計算されたものです。だからこそ、「アエレ」な感じ、それもただの軽さではなくて、空気の軽さというようなものが、見た目の印象だけでなく、口の中でさらに証明される。そのあたりが、やはりピックさんなのです。

La Dame de Pic map-**4**
ラ・ダム・ドゥ・ピック

20 rue du Louvre 75001 Paris
☎＋33・(0) 1・42・60・40・40 ㊒12:00 ～ 14:00、19:00 ～ 22:00
㊡日曜、月曜　3種のコースメニュー（€80、€105、€125）のほか、平日の昼コース（€49）、夜のみのコース（€149）がある

1

2

1 牡蠣と3種類のカリフラワーの料理
2 豚とイチジクのひと皿。
ラードで巻いてあって、お肉の
柔らかさと、まわりのカリカリ感を
同時に楽しめる。シンプルだけれど
絶妙なコントラストが楽しめる
肉料理です
3 ビストロの定番デザート
「ババ・オ・ラム」もこんなにおしゃれ。
飴状の薄い膜で覆われた
パッションフルーツのシロップと
バニラとしょうがのアイスクリーム添え

3

Couleurs et textures délicates : une nouvelle interprétation de la féminité.

——— フェミニンな感性の上質表現を愛《め》でる

5

4

4「森の下草」「ヨードとフラワー」
「琥珀のバニラ」など2カ月ごとに替わる
3つのコースメニューをイメージした香りを
かいでから、好みのコースを選びます
5 調香師のような面持ちの私が
手にしているのは、
香水が染み込ませてあるチップ

11

サンルイ島の洗練

Le Sergent Recruteur
ル・セルジョン・ルクリュトゥール

サンルイ島といえば、外国からの観光客も多い場所。これまでは、有名なアイスクリーム店などが目立ち、ガストロノミーの店は少ない印象でしたが、2012年10月に新しいコンセプトでお目見えしたこのレストランが、今とても注目されています。『ル・セルジョン・ルクリュトゥール』というちょっと風変わりな店名は、もともとの場所の呼び名に由来するものだそうで、ナポレオン時代の徴兵所という意味。外観からして、とてもマスキュランな感じなのですが、いったん扉を開ければ華やかで繊細、品のいいリュクスな世界が広がっています。その繊細さは料理にも表れていて、食材の新鮮さが伝わる目にも美しいお皿が出てきます。ここではシェフのスペシャリティがこれだというよりも、その日そのとき届いた食材で作るというのがコンセプト。おまかせコースの内容は毎日替わります。20年間、フランスだけでなく世界の名店で仕事をしてきたシェフだけあって、ひとつひとつのお皿に、どこかのグランシェフの面影があるのも特徴的。食材選び、仕込み、料理法、味つけ、盛りつけ……それぞれにいいところばかりを、まさに〝ルクリュトゥール（リクルート）〟して取り入れたという印象です。

　オープンして間もなく私が訪れた日はたまたま、コースメニューの中に魚介類の要素がほとんどなくて、お肉中心だったのですが、印象的だったのがつけ合わせのじゃがいもの料理。コクのある風味とねっとりとした肉質が特徴の「ラット」と呼ばれる小さいものを牛乳でコンフィしたものが出てきたんです。じゃがいもも牛乳も、フランスでは日常的な食材。そしてコンフィといえば、普通はオイルや塩、砂糖などでするもので、ハーブやスパイスを加えてオリジナリティを出すのが普通です。けれども、ここでは何を使ってコンフィにするのかいろいろと考えて、牛乳にたどりつく。しかも、牛乳でコンフィにしている間に凝固してできた〝チーズ〟をさりげなく添えてあって、そこには調理過程で生まれたものをどうやって生かすことができるかをきちんと考えている、シェフの食材に対する探究心の深さが表れていると思うのです。この撮影中にも、黒砂糖とレモンコンフィをミキサーにかけながら、コンフィという調理法について熱く語ってくれたり……。

　直接お話しするのは今回が初めてですが、一見ちょっと近寄りがたい雰囲気なのに、いったん食材の話になると話題がつきない。今までの経験をベースに、今度は自分の世界をつくっていきたいと語るシェフからは一生懸命さがとても心地よく伝わってくるのでした。

Le Sergent Recruteur map-**12**
ル・セルジョン・ルクリュトゥール

41 rue Saint-Louis en l'île 75004 Paris
☎＋33・(0)1・43・54・75・42　(営)12:30～14:00(昼は金・土のみ)、19:00～23:00　(休)日・月曜　コースメニュー€100(6品)、昼コース€48(4品)、夜コース€145(9品)

Un nouveau concept chic au coeur de l'île Saint Louis

――――― サンルイ島の先端コンセプト

1 地階のサロンでは熟成中の肉などもディスプレイに一役買っています
2 キャベツの温サラダ　プラリネ風味のドレッシング
3 メインダイニングでシェフと。厨房との境がレトロなテレビ画面のようになっています
4 ホタテ貝のポワレは、甘口ワインに白味噌とゆずを効かせたソースで
5 品のよいセレクションのワインリスト。地下カーヴには約400種の銘酒が揃います
6 塩キャラメルベースのデザートはカウンターメニューの定番

12

ごちそうオーベルジュ

Auberge Flora
オーベルジュ・フローラ

フランスの料理界の女性シェフの数は、アメリカほど多くありませんが、注目される女性シェフが少なからず存在します。今回ご紹介する『オーベルジュ・フローラ』のオーナーシェフ、フローラ・ミクラさんもそのひとり。かつてアンヴァリッドの近くに店があったころから人気がありました。彼女も『アルページュ』の出身で、雑誌で女性シェフ特集があると、フローラさんと私の名前が並んでいたり、一緒にイベントをしたこともあり、いつも親近感をもっていました。彼女の性格をひと言で表すなら〝天真爛漫〟。明るく気さくで、会うと元気をもらえる、そんな女性です。

アンヴァリッドの店に続いて、ジョルジュ・サンク通りに手がけた店は、洗練された高級感があり、とても素敵でしたが、新しくバスティーユ近くにできたこの店は、界隈の雰囲気も、店のコンセプトもがらりと変わり、気軽に美味しいものをいただいて、その場ですぐに休めるというオーベルジュスタイル。フローラさんも自分にぴったりの舞台を見つけた、と嬉しそうに語ってくれる様子が印象的でした。彼女が育った南仏の空や地中海を思わせるようなブルーの壁に、銀の縁取りのある「ベルナルド」の白い皿がデコレーションされている店内は、温かな中にチャーミングさと繊細さを宿した彼女の人柄そのもの。聞けば、建築デザイナーのセバスチャン・デヴリー氏が、彼女の行動を1カ月じっくり観察し、キャラクターを熟知したうえで、レストランとホテルをトータルにデザインしたものなのだそうです。

さて、お楽しみの料理のほうは、食材そのものにポイントがおいてあるシンプルなもの。訪ねたこの日は、ホタテ貝がちょうど出はじめた頃。季節の美味しさをいち早くお客様に届けたいと早速メニューに取り入れていました。またリエーヴル・ア・ラ・ロワイヤル（野うさぎを使った古典的ジビエ料理）など、フランス料理ならではの豊かさが感じられる定番もしっかりと作っています。

それから、「タパスの木」と呼ばれる前菜は、まさにフローラのジェネラス（寛大）さがよく表れたもの。冷製温製合わせて10種類くらいのアイテムが同時に出てきます。特に、昔から変わらない彼女ならではのタプナードをぜひ味わっていただきたいし、レモンの風味がきいたうさぎのリエットもやさしい味わい。そして、オリーブの味が凝縮したしっとりとしたパンは、やみつきになるほどです。

このあたりは人気の北マレやバスティーユ広場からも遠くない親しみやすいエリア。何かしらきっと新しいパリが発見できる地区です。

Auberge Flora map-**3**
オーベルジュ・フローラ

44 boulevard Richard Lenoir75011 Paris　☎＋33・(0) 1・47・00・52・77
㊔ランチ12:00～15:00、ディナー19:00～22:00、
日曜・祝日の昼はブランチメニューあり（～16:00）。
ランチとディナーの間の時間帯にも軽食が食べられる。宿泊はシングル1泊€94～

1 パンとワインも、
そして会話もどんどん進む
充実の「タパスの木」。
タパスコース(€45)と週末の
ブランチ(€29)の前菜で、写
真は4人分の量
2 オーナーシェフのFlora
Mikula（フローラ・ミクラ）
さんは、南仏アビニョン育ち。
『アピシウス』
『アルページュ』などで
経験を積んだのち、
自身の店で人気を博しました
3 南仏の空のような明るい店

Avoir le sourire autour d'une table appétissante

思わず笑顔がこぼれる
テーブル

13

Semilla

セミヤ

サンジェルマンのタパス

サンジェルマン・デ・プレ地区といえば、パリを訪れる人なら必ずといっていいくらい足を運ぶ中心地。いつの時代も、住んでみたい場所としてとても人気があります。ほどよくソフィスティケートされている一方で、例えば道で地図を広げていたりすると、「どこをお探しですか?」と、気さくに声をかけてくれたりといった温かみもある文化と人情が混在する界隈という印象があります。

レストランも多く、どちらかというとこぢんまりとしている店が多いのですが、小さくても新しいコンセプトで大いに注目を集める店がどんどん増えています。こちらの『セミヤ』もそのひとつで、タパスをワインと一緒に楽しむというスタイルが新鮮。しかも、すでにこのエリアでさまざまなタイプのレストランやワイン専門店を成功させている人たち、つまり昔から界隈のことをよく知る経営陣が共同で手がけているというところが、単に目新しさをねらうというのとは明らかに違う点です。

ところで、フランス人がいうところのタパスは本場スペインのタパスとはちょっと違っていて、小さなポーションの料理全般をさすことが多いのです。

そもそもフランスではあまり取り分けて食べるという習慣がなく、もしふたりでシェアして食べたいとすれば、よく知った店ならあらかじめ頼んで、半分ずつに盛りつけてサービスしてもらうというくらいのものでした。だからこんなふうに小皿をいくつも頼んでつつけるような、いわゆるタパス形式の店というのは、最近の傾向なのです。

このお店のメニューを見ると、スペインや地中海地方的な小皿料理があるかと思えば、フランスのブラッスリーの定番料理もあって、それらの多くはフルサイズと半分のポーションから選べる仕組み。それに、しいたけを丸ごとごま油でソテーした小皿も人気で、これをフレンチワインと合わせて楽しむというのも、私たち日本人にとっては興味深いところです。

さらになんといってもこの店がおもしろいのは、M・O・F・(フランス最優秀職人)のタイトルをもつ、料理界トップレベルのシェフ、エリック・トロション氏がかかわっているところ。オープンキッチンで腕をふるう若いシェフたちのコーチが彼で、料理のアイデアとレシピはこの名シェフによるものなのです。

ちなみに、ガストロノミーの息のかかったそれらの小皿料理を楽しむなら夜。できれば4人くらいで来たほうが、いろいろな種類のお皿をワイン片手に時間をかけて味わえますし、昼は昼で、20ユーロそこそこというかなりお値ごろで、ご近所の常連もごひいきの日替わりランチというお楽しみが待っています。

Semilla map-**13**
セミヤ

54 rue de Seine 75006 Paris
☎+33・(0) 1・43・54・34・50
㊔12:30 ～ 14:30(日曜ブランチ～ 15:00)、
19:00 ～ 23:00(日曜～ 22:00)　無休

1 フレッシュグリーンのサラダやトマトのセヴィーチェといったあっさり小皿からかなりボリュームのある一品まで種類豊富。クルジェットのファルシー(大€16、小€9)
2 オマールエビのターメリック風味(€35)
3 私と一緒に料理談義で盛り上がるふたりのシェフ、マチュー(左)とルイ(右)
4 セップ茸のリゾット(大€15、小€14)

Belle réalisation de l'esprit créatif de la rive gauche

左岸のエスプリの最新形を感じる食空間

パリ再発見

14

Terroir Parisien

テロワール・パリジャン

パリを中心とするイル・ド・フランス地方の食材と料理にこだわったモダンビストロがこちら。ヤニック・アレノさんが三ツ星レストラン『ル・ムーリス』のシェフだったときにプロデュースしたものです。店名の「テロワール・パリジャン（パリのテロワール）」という言葉を、これより数年前に彼が商標登録したことを耳にしていて、きっとなにか始めるのだろうな、と思っていました。するとまずは同名の本を出版。パリの料理、イル・ド・フランス料理というのを、私たちは知っているようで知らないのですが、この本を開くと、「あ、この料理も実はパリが発祥だったんだ」と、あらためて発見することが多いのです。

食材にしても、とかく美味しい食材というと、地方にあると思われがちですが、アーティチョーク、桃、アスパラガス、ポワローなど、パリ近郊で生産されるものがかなりたくさんあります。野菜だけでなく、例えばモー産のブリーチーズ、また意外なところでは、サフランもイル・ド・フランスでとれるものが有名だったりします。しかも、アレノ氏らしいのは、そういった食材や昔のレシピそのままを紹介するのではなくて、ビストロ風とはいえ、かなり繊細に盛りつけていたり、プレゼンテーションにこだわりがあること。そんなところに、パラス級の感覚がかいま見えるようです。

メニューの中で特におもしろいのは、例えば、テット・ド・ヴォー（仔牛の頭の煮込み）という内臓料理を大胆にホットドッグのように仕立てたもの。典型的なテット・ド・ヴォーの料理ではタルタルソースのような卵ベースのグリビッシュソースがつきものですが、ここでは、ケチャップの容器に入れて出されてきます。

それから、おなじみのオニオングラタンスープにしても、意表をつくプレゼンテーション。かなり柔らかく煮たスライスオニオンの上に骨髄とチーズ風味のクルトンをのせ、その上からスープを注ぐのです。チーズがたっぷりのっているスタンダードなオニオングラタンスープは魅力的ですが、ちょっと重たいと思うことありますよね。でもこれなら、コクと香りをしっかりと感じながら最後の一口まで楽しめます。

フランスを代表する偉大なシェフの系譜でいうと、ポール・ボキューズ氏はリヨン、アラン・デュカス氏はプロヴァンスというように、それぞれ料理のオリジンをもっていますが、それに続くアレノ氏がパリという地方をテーマに展開し、それが今注目を集めているのです。

しかも、場所は学校が立ち並ぶアカデミックな5区。パリ地方の食材や料理について、おいしいものを楽しみながら学ぶことができる新しいスポットとも言えるレストランです。

Terroir Parisien map-**18**

テロワール・パリジャン

20 rue Saint-Victor 75005 Paris
☎＋33・(0) 1・44・31・54・54
㊢ 12:00 ～ 14:30、19:00 ～ 22:30　無休

L'étonnante richesse des produits de la région parisienne.

―――― パリ近郊も実は知る人ぞ知る食材の宝庫

1 名産品と生産者が書かれた大きな黒板がメインデコレーション。消えてゆきかねない仕事にスポットを当てたいという、フィロソフィーが素晴らしいと思います
2 ホットドッグ仕立てのテット・ド・ヴォー(€10)
3 おなじみスイーツ「サントノレ」と店の通りの名をかけた「サン・ヴィクトール」(€7)
4「ナヴァラン・ダニョー」(仔羊のトマト煮)(€23)

15

Les Jalles

レ・ジャル

今様ベルエポック

オペラ座やヴァンドーム広場から歩いてすぐというパリの中心地、パラス級のホテルがひしめきあう界隈にある『レ・ジャル』。経営者はふたりの女性で、デルフィーヌとマガリ。デルフィーヌが主にサービスの担当で、マガリは生まれがボルドー・メドックのワイナリーというだけに、こちらはワインの担当。ちなみに、店名の「レ・ジャル」というのは、メドック地方のぶどう畑の間を流れる水路のことをさす言葉なのだそうです。

ところで、このふたりともまだ若いのですが、実は、すぐ近くにもう一軒『Bistro Volnay（ビストロ・ヴォルネイ）』という店をもっていて、レストランガイドでビストロ大賞を受賞するような成功を遂げている、つまり大変敏腕なおふたりなのです。

その彼女らの1号店『ビストロ・ヴォルネイ』の料理は、ビストロ・ガストロノミックというイメージのレベルの高いもので、とても人気。では、新しいこの2号店のスタイルはといえば、ビストロよりガストロノミーに近いタイプです。

というのも、基本的にビストロでは、ギャルソンがお客さんのお皿に直接料理を盛ってくれたりはしないのに対して、こちらのレストランでは、ビストロにはないこまやかなサービスを満喫しながら、星つきのグランメゾンから抜擢されたシェフの料理を楽しむというプラスアルファの心地よさがあるのです。

「『ヴォルネイ』の雰囲気からあまりかけ離れず、しかももっと広々として、よりエレガントなもの。それでいてこれ見よがしな感じにならないように」というのが、彼女たちが新店に寄せていたインテリアのコンセプト。もともと事務所として使われていた場所を改装したと聞くと少し驚いてしまうくらい、店内の雰囲気は時代を感じさせる落ち着いたものなのですが、実はこれがまったく一から手がけたというデコレーションなのです。内装のひとつひとつの要素にはあえて少し使い込まれたような素材を求めたり、かなりのこだわりをもっていたようで、フランス人にとっても、フランスの古きよき時代を感じさせるような、レトロでノスタルジックな雰囲気が上手に演出されています。

とりわけ私が注目するのはその質感。テーブルに触れたときの感覚や、プレゼンテーションの皿の凹凸感とカトラリーの選択。それだけでなく、階段のコーナーの壁の感触にいたるまで、色や形、見た目のシックさだけでなく、ガラスや木、真鍮などのさまざまなマチエールがきれいに混ざり合っている上質感があります。おまけに言えば、お手洗いの空間も美しい。そんなちょっとしたところにまで気配りが見られるのが、さすがは女性オーナーならでは、ですね。

Les Jalles map-**4**

レ・ジャル

14 rue des Capucines75002　Paris

☎＋33・(0) 1・42・61・66・71

㊔ 9:00〜23:00（土曜15:00〜）　㊡日曜

コースメニュー €50〜

3

2

1

4

Des mets raffinés, Un décor élégant

こまやかなディテールが奏でるエレガンス

5

1 季節のフルーツを使った温かいデザートは、ココット鍋からテーブルでサービス。アーモンドミルクのシャーベットを添えて
2 ラングスティーヌのカルパッチョ。からすみ、ライム、コリアンダー、ケシの実のハーモニーがふわっと、口の中に広がります
3 ヤマウズラのロースト、セップ茸添え
4 デルフィーヌとマガリと一緒に
5 上階への空間も趣味のよいアールデコ

16

ワクワク厨房ライブ

Caillebotte
カイユボット

開店前の裸電球も消えている時間帯に中をのぞくとこれから内装工事が始まるのかしらと感じるほど寂しいくらいにもの足りない印象なのですが、明かりが灯《とも》って厨房が動きだすと、いよいよこれからスペクタクルが始まる……、そんなワクワク感がこの店にはあります。

同じ界隈に開いた1号店『Le Pantruche（ル・パントリューシュ）』の成功の勢いにのって、シェフのフランク・バランジェさんとサービスのエドワード・ボバンさんが2013年にオープンさせたのがここ『カイユボット』。入ってすぐ左手のガラス張りの厨房がなんといっても印象的です。

中で繰り広げられているきびきびとした料理人たちの動きは、三ツ星レストランの調理場の一角をそのままもってきたくらいの緊張感。この刺激的な空気は、パリの有名シェフのもとで経験を積んだフランクさんの店ならではのもの。カウンター席に座ればなおのこと、ほかのネオビストロとは違う厨房の雰囲気を間近にライブで体感しつつ、信頼のおけるプロフェッショナルな料理が出てくる期待感がいっそう高まります。

続々とお客さんが入ってくると、客席も活気づいてきます。昼は地元の人たちでほのぼのとした雰囲気ですが、シェフの経歴や1号店の評判もあって、同業者や料理人が注目し、訪れているはず。そしていよいよクライマックスの料理が登場し、客の口に運ばれると、各テーブルからは思わず感動のため息が聞こえてくるのです。

印象的なのは食材のテクスチャーへのこだわり。例えば前菜のマグロには、ブロッコリーやマスタードをムース状にしたものを添えているのですが、マスタードがダイレクトにではなく、空気を含ませてあることでいい具合に食材にまとわりついて、口に入れたときにマイルドなハーモニーが醸し出される。さらに、海藻の入ったサクサクのサブレ、甘酢に漬けたシャキシャキの西洋大根が取り合わせてあったりと、さまざまなテクスチャーがお皿の中で相乗効果をもたらします。

シェフ自身は「シンプルな料理」といいますが、目にも華やかで、食感や味のバリエーションの細かな差がおもしろく、口の中でいろんな要素が一気にはじけるような料理は、まさに「花火」。メインのお肉にしても、脂の中にある風味を損なわないようなゆっくりとした焼き方や、何げなく添えてあるように見えるピュレのシルキーさなどをとっても、やはり名店で仕事をしてきた人ならではの腕前だと納得。

一見すると単純な「街角のビストロ」と思われるかもしれませんが、それとはまったく違ったレベルの仕事がライブ感覚で堪能できる貴重な店なのです。

Caillebotte map-**6**
カイユボット

8 rue Hippolyte Lebas75009 Paris
☎＋33・(0) 1・53・20・88・70
㊇ 12:30～14:00、19:30～22:00 ㊡土・日曜

Explosion des couleurs de chaque plat. Véritable feu d'artifice.

―― 花火のようにカラフルな創作料理

私が持っているのは、
あえてイレギュラーに割った
スレートの器に盛られたデザート。
グレープフルーツと
エストラゴンのアイスクリーム、
ホワイトチョコレートのビスケット添え

17

ビストロ ルネッサンス

Le Chardenoux

ル・シャルドヌー

フランス人がビストロに求めるものは、気軽さ、ボリューム感、あるいはおばあさんが作ってくれた料理を思い出させる懐かしさ。今も昔も食の日常に欠かせないビストロには、ガストロノミーのレストランとはまた違った根強い魅力があります。

私がパリで昔からよく行っていたビストロに『Paul Bert（ポール・ベール）』という店があるのですが、その近所でたまたま遭遇したのがここ『ル・シャルドヌー』でした。

100年以上続く老舗のビストロをシリル・リニャックさんがリニューアルした店だと知り合いから教えられたそのときは、スターシェフと老舗という話題性が先行した店なのだろうと思っていました。

というのも、シリルさんといえば、テレビの料理番組のスター。ミシュランの星つきシェフとはまた違った意味で、お茶の間にたくさんのファンがいるイケメンシェフだったのです。けれども実際に入って食事をしてみると、とても考えられたビストロ料理に、私も納得させられました。

もともとは1908年の創業で、歴史的建造物に指定されているという店内は、まさしくビストロを象徴するすべての要素があります。亜鉛のカウンター、タイルの床、マーブルのテーブル、カットガラス……。天井の絵もなんとも可愛らしく素敵で、そこに身を置けばフランスの良き時代の空気に包まれているような気分。この同じ場所で、当時どんな人たちがどんな料理を食べていたのか、遠い昔に思いをはせるのが私は大好きです。

そんな夢のある空間で味わう料理は、クラシックなビストロ料理のよさがベースにありながら、シェフ独自のクリエイティビティがちりばめられたもの。ビストロの定番前菜ウッフ・マヨ（ゆで卵にマヨネーズを添えたもの）が繊細なプレゼンテーションで出てきたり、デザートのクレーム・ブリュレには珍しいスパイスが隠し味になっていたり。かと思えば、これもまたビストロ定番スイーツのババはごく典型的なスタイル。

とはいえ、食感の軽さに現代風のアレンジがきいていたりと、クラシックなよさとシェフの若い感覚がうまく調和し、しっかりしたビストロ料理にもかかわらず重たすぎず、バランスがとれているのです。

またこの店のすぐそばにシェフのパティスリーもオープンして、行列を成してお菓子やパンを買っていく人の姿が毎日見られるほどの人気です。チョコ入りブリオッシュなど、子供たちでも楽しめる気取りすぎない庶民的なラインナップを見ると、みんなを喜ばせるのが得意な、お茶目で愛情あふれるシェフならではの趣向が感じられて、さらに好もしく思えます。

Le Chardenoux map-**7**
ル・シャルドヌー

1 rue Jules Valles 75011 Paris ☎＋33・(0)1・43・71・49・52
㊔ 12:00 ～ 14:30（日曜は～ 15:30）、19:30 ～ 23:00 無休
最寄駅 Charonne、Faidherbe-Chaligny コースメニュー €39、
平日昼のコース €22（2品）、€27（3品）

2 1
3

Bistrot branché dans un cadre historique

――――― スターシェフが手がける歴史的ビストロ

1 日本的な感覚が盛り込まれた一品。
タラの白味噌ソースグラタン風
グリーンピース添え
2 ブレット(スイスチャード)を詰めたマカロニグラン。パルメザンチーズと肉汁とともに
3 ヴェルヴェーヌ風味のイチゴサラダとフロマージュブランのソルベ(昼のコースメニュー)
4 映画の舞台のような風情のある店ですが、街歩きの途中にでも寄れる気楽さがあります

18
ビストロノミーの悦楽
La Régalade Conservatoire
ラ・レガラード

ビストロとガストロノミーのよいところをとった"ビストロノミー"は、世代を超えて一番安心して楽しめるカテゴリー。ずっしりした昔ながらのビストロ料理ももちろんよいのですが、全部食べられるかどうか心配にならない重さで、気取らずゆったりワインも楽しめるほどよい料理はやはりうれしいものです。

『ラ・レガラード』といえば、パリのビストロノミーの草分け的な存在。14区のお店は昔から有名で、サントノーレ通りにできた2号店ともどもクオリティが保証された安心できるアドレス。そしてさらに3つ目の『ラ・レガラード』がお目見えしました。

ルックスはモダンですが、コンセプトはこれまでと変わらず、前菜、メイン、デザートから一品ずつ選ぶコースメニューで37ユーロ。選択肢には、イカスミのリゾット、仔牛のバラ肉の蒸し煮、リ・オ・レやスフレといった『ラ・レガラード』の定番がしっかり健在です。そして定番中の定番がつきだしのテリーヌ。型に入ったまま出てきて、これを好きなだけ楽しめるのです。最近のパリではテリーヌやリエットをパンと一緒に食べながら料理を待つという昔ながらの光景が見られなくなってきていますが、新しい『ラ・レガラード』にはそんなフランスのビストロ文化の大切な部分がきちんと引き継がれています。しかも、このテリーヌの食感がまた昔ながら。日本で味わうパテ・ド・カンパーニュには、繊細で練りもののようにきめの細かいものが多いようですが、ここのはむしろぽそぽそっとした食感。かみしめるとお肉そのものの味わいが広がり、パン・ド・カンパーニュに粒なしのディジョン・マスタードを塗って一緒に食べるのが好き。パリに来たら、ぜひこの感じを味わっていただきたいと思います。

さて、今回登場した料理。前菜のホワイトアスパラはそのボリュームがビストロ的ですが、ゆでてオランデーズソースでいただくクラシックなものとは違って、コンテチーズを上にのせてグリルしています。

このほかにも、ホタテ貝のマリネに青リンゴとコンテチーズをごく小さなサイコロ状にしたものを添えた前菜もあったりして、フランスのどの家庭にもあるようななじみ深い食材を今までにはない組み合わせでアレンジし、コクや深み、広がりを出しているところがおもしろい。メインのサンピエール(マトウダイ)は、本来は高級魚とされるもの。今ほど食材の流通が発達していなかった時代、ビストロの魚料理といえば、オイル漬けや燻製にしたニシン、サバやイワシがせいぜいでしたが、こんなふうに高級食材を取り入れて、火入れにこだわった調理テクニックを駆使しているあたりが、ビストロノミーならではの醍醐味なのです。

La Régalade Conservatoire map-**10**
ラ・レガラード

Hôtel de Nell 7-9 rue du Conservatoire 75009 Paris
☎+33・(0)1・44・83・83・60
㊢12:00〜14:30、19:00〜22:30
無休

nouvelle adresse préférée des
gourmets parisiens.

2 1
3

パリの食通ならハズせない
新アドレス

4

1 こちらの定番〝つきだし〟、型ごとサーブされるテリーヌ。田舎パンと一緒にワインもすすみます
2 前菜のランド地方産ホワイトアスパラ。
春から7月くらいまで、入荷しだいでメニューの選択肢に並びます(プラス€8)
3 たっぷりの野菜がうれしいメインの
マトウダイ(プラス€10)
4 カフェ・リエジョワをチョイスすれば
さっぱりしたコースの締めくくりに

19

Haï Kaï

ハイカイ

ガストロシックール

サンマルタン運河といえばパリジャンにとっては格好の散歩コース。四季折々に風情のある木々の彩りにくわえて、パリ市内ではあまり目にすることのないカラフルなファサードがあったり、グラフィティがあったりして、若い世代のエネルギッシュな空気が感じられる地区です。そんな界隈にまるで昔からずっとあるようにしっくりとなじんでいるレストラン『ハイ カイ』は、実は2014年1月にオープンしたのですが、今最も話題になっているお店のひとつ。というのも、食の愛好家たちの間で使われているレストランのジャンルを表す新しい言葉に「ガストロシックール」というのがあり、その単語が一番ぴったりくるのがここなのです。

「ガストロノミー」「シック」「クール」という3つの単語を組み合わせたこの言葉。星つきレストランに見られるような食材の厳選、火入れ、プレゼンテーションのこだわりといったガストロノミー的な要素がありながら、シックでクール。気取らないカッコよさともいえるでしょうか……。これまでガストロノミーといえば、古典的な内装で高価というイメージだったのが、現代的なシックでクールな雰囲気で、若い人にも無理なく楽しめる、つまり、今最も好まれる〝いいとこどり〟なレストランのジャンルが「ガストロシックール」で、パリの中でも特に2、9、10、11区に集中しています。

シェフのアメリー・ダルヴァさんは、24歳という若さですが、15歳からこの道に入り、『エレーヌ・ダローズ』や『ル・ブリストル』、つまりガストロノミーのトップを経験しています。その彼女が作る料理を、ランチなら20ユーロそこそこで楽しめます。ビストロの煮込みのように、主役となる食材が鍋の中で調理されながら、同じ鍋で自ずとソースもできてしまうような料理とは正反対。香りや食感にいくつものアクセントをつけて仕上げています。そして、ふだんのマルシェではあまり見かけないハーブや花をさりげなく使い、視覚的にもインパクトを与えています。

ところで『ハイ カイ』という店名は、ご想像どおり「俳諧」からとったもの。料理の内容には日本の要素はありませんが、今のこの〝瞬間〟を大事にするという料理に対するエスプリ、フィロソフィーをこの店名にこめたのだそうです。その日そのときの食材を使って、アメリーさんのその瞬間のイマジネーションで作られる一期一会の料理。フレッシュで元気でしかもチャーミングな料理は、まるで彼女自身の印象そのもの。

これからどんなふうになってゆくのか楽しみな、思わず応援したくなるお店です。

Haï Kaï map-**3**

ハイ カイ

104 Quai de Jemmapes 75010 Paris

☎＋33・(0) 9・81・99・98・88 ㊒ 12:30 〜 14:30、20:00 〜 22:30

㊡日・月曜

昼のコース€20（2品）と€22（3品）、デギュスタシオンコース€55

L'instant et le présent.
Précision et simplicité.

――――― 〝今このとき〟を料理に託して

1 アメリーさんは私の料理本の愛読者だそう！
2 往年の映画『北ホテル』の舞台にもなった独特の雰囲気を持つ場所
3 ビゴール黒豚の一品
4 アプリコットとイチゴのサバイヨン（ムース状のクリーム）
5 つきだしの一品。じゃがいもとニシンの組み合わせはフレンチの定番。クラシシズムが違った形で表現されているのがおもしろい
6 グリーントマトのコンフィにお茶の葉を粉末にして添えて。繊細なかげんが絶妙。塊で使われることが多い生のアーモンドを薄くスライスしてのせてあるのもユニーク。食感がとてもいいんです

20 Lazare
ラザール

エキナカグルメ

リピーターのかたなら、パリの滞在中、パリジャンたちのように、週末にちょっと足をのばして小旅行という楽しみ方もあると思います。行き先としてまず浮かぶのはドーヴィルやオンフルールなどノルマンディーの海辺の避暑地ですが、その地方への発着駅、サンラザール駅構内にオープンした『ラザール』が人気を呼んでいます。

朝の7時半から夜11時半までノンストップ。しかも毎日開いているので、朝ごはんをこちらで食べて出発したり、パリに帰ってくるタイミングが普通のレストランのサービス時間とずれていたとしても、いつでも食事がとれるというとても便利な場所なのです。しかも、P8でご紹介した『ル・ブリストル』の三ツ星レストラン『エピキュール』のエリック・フレションシェフの監修。これまで駅の食事というと、カフェのサンドイッチとかツーリスティックなレストランというイメージでしたが、一流のシェフが監修しているだけに、料理の内容がとても充実しています。さらにいえば、フレションシェフがノルマンディーの出身ということで、特産のクリームやチーズなどの乳製品が上手に料理の中に組み込まれているのもおもしろいところ。例えば、ムール・ア・ラ・クレーム（ムール貝のクリーム風味）などは、現地で食べるよりも軽く仕上がってますし、フロマージュブランをふんだんに使ったデザート「パリ-ドーヴィル」は、ほどよい酸味と口の中でふわっと溶けるような軽さが私たち日本人の好みに合う、冷たいスフレのよう。このレストランオリジナルのデザートです。左ページのホロホロ鳥などは家庭的なビストロ料理の定番ですが、プレゼンテーションにソフィスティケートされた上品さが盛り込まれ、とはいえ、しっかりとしたボリュームがあるのも、やはりフレションシェフらしいスタイルです。

お店に入って感じるのは、シンプルな内装の新しさと同時に人の温かみ。新聞を読みながら朝のコーヒーを飲んでいるムッシューがいたり、「19時6分、アフターワークに同僚と一杯」などと書かれた店内の黒板を見てもわかるように、一日の中の朝から晩まで、さまざまなシーンがここで繰り広げられている感じ。フランスだけでなくヨーロッパ全体からいろんな人々が集まってきて、ここでいくつもの出会いが生まれる、そんな雰囲気が醸し出されています。私は人との出会いこそありませんでしたけれど、別の出会いが……。豚バラ肉とカブ、大根というと、日本ではつい醤油を使いたくなるところですが、ここでいただいた料理では塩味にタイムとローリエがアクセントになっています。そのアイデアを新しい和食のレシピに応用してみようかな、と、そんな出会いがありました。

Lazare map-**4**
ラザール

Parvis de la Gare Saint-Lazare Rue Intérieure 75008 Paris
☎＋33・(0) 1・44・90・80・80
㊫ 7:30 ～ 23:30（食事は12:00 ～）　無休

Ambiance cosmopolite et chaleureuse
Lieu de rencontres.

———— いくつもの出会いが生まれそうな場所

1 駅コンコース側の壁面には、監修者である
エリック・フレションシェフの大きな写真が
2 おすすめのデザート「パリ-ドーヴィル」(€8)
3 しゃれたプレゼンテーションのホロホロ鳥。
たっぷりキャベツとベーコンの付け合わせ(€27)
4 青リンゴがアクセントになったセロリと
キングクラブの前菜(€19)
5 駅の時刻表を思わせる黒板には、ここで
繰り広げられるさまざまなシーンが書かれています

21

丸ごとチキンの幸せ

Le Coq Rico
ル・コクリコ

今パリの食通たちの間で話題になっている鶏料理の専門店『ル・コクリコ』。ここではぜひ、看板メニューのプレ・ロティ（鶏の丸焼き）を味わっていただきたいと思います。

一般的なプレ・ロティといえば、生の鶏一羽の中ににんにくなどを詰めてオーブンで焼くというイメージですけれども、このお店では、まず70℃を少し超えるくらいのブイヨンに2時間ほど漬けてゆっくりと火を通してから、ロティサーで焼くという特別な方法をとっています。だから、しっとりとしていてとても軟らか。普通のプレ・ロティとは明らかに違う食感です。

フランスの伝統的な料理の中でも、プレ・ロティは家族で囲む週末の食卓の主役。ちなみに、私が『アルページュ』で見習いを始めた頃は、日曜の夜も営業していたのですが、その日のまかないがきまってプレ・ロティでした。お客さまに出す手間ひまかけた鶏のローストなどとは違って、従業員用のはそれほど時間もかけずにオーブンで焼いたものでしたが、日曜といえばプレ・ロティという習慣がここでも生きていました。

丸ごと一羽の鶏をみんなで切り分けて食べるとき、部位によって味や食感がまったく違うので、それぞれの好みで部位を選びます。さっぱりしているのはブラン（胸）。コクがあってジューシーなのはキュイス（もも）。食べやすさもあって、女性や子供はブランを、男性は一般的にキュイスを取る人が多いといいます。食卓ではそれぞれが好きなところを取り分けるのですが、ぜひ「ソリレス」という単語を覚えておくといいですね。これは、尾羽のつけ根のくぼんだところに付いた肉の部位で、日本人の魚の好みにたとえると、ほっぺたの身みたいに、一番おいしいとされる部分。

家族で食べるときなども、「あれは誰にいくんだろう」と、内心みんなが狙うのですが、たいていはおじいちゃんやおばあちゃんのお皿にいってしまう……。そんな部位です。そして日本の焼き鳥屋さんでいうぼんじり。こちらではこのしっぽの部分はクピヨンと呼ばれていて、ジュワーッと脂が出てくる感じが、鶏好きのご年配などは特に好きだったりとか、家族の中でもジェネレーションが違うとそれぞれ好みが分かれ、プレ・ロティを囲む食卓には、昔ながらのほほえましい光景があります。

この店はさすがに専門店なだけに、同じ鶏でもフランス国内の名産地のものが3種類あって、脂ののり方、身のしまり方の違いから選べるようになっています。こんがりといい色に焼けてくるのを待つ間には、パリのビストロメニューの定番、ウフ・マヨネーズ（ゆで卵のマヨネーズ添え）を前菜に……。文字どおり、鶏を丸ごと堪能できるスペシャルなアドレスです。

Le Coq Rico map-**5**
ル・コクリコ

98 rue Lepic 75018 Paris
☎＋33・(0) 1・42・59・82・89
㊔12:00 〜 14:30、19:00 〜 22:30　無休

aussi convivial que le déjeuner dominical en famille

日曜の家族の食卓のような なごやかさ

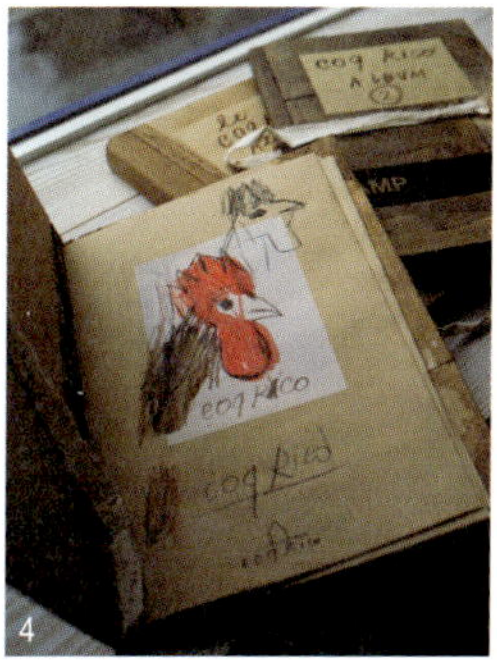

1 ゆで卵のマヨネーズ添えでもおしゃれな
仕立てになった「ウッフ・ア・ラ・リュス」(€13)
2 看板メニューのプレ・ロティ。
ブレス産、ジェリーヌ産は一羽丸ごとで
2～4人前、€98。フリット、マカロニグラタン、
季節野菜などがつけ合わせに
3 デザートもボリュームたっぷり、
イル・フロッタン(€11)
4 鶏にちなんだポップなデコレーションが
アクセントに

22

癒しのエスニック

Aloy Aloy
アロイ・アロイ

旅の途中、フランス料理を食べ疲れて、今日はちょっと汁ものが食べたいなと思うこと、ありますよね。そんなときにぜひおすすめしたいお店が『アロイ・アロイ』。パリにもいくつかアジア料理店が集中する中華街がありますが、この店がユニークなのは、そういった界隈ではなく、モンマルトルにあって、丘の上の名所を訪ねて下りてくる途中でごはんを食べる。そんな楽しみ方ができる場所。そしてなによりいいのは、家族的な雰囲気があるところ。というのも、もともと有名ビストロのシェフだったピエールさんが、タイ出身の奥さまのアリサさんと始めた店で、アリサさんのお母さんを呼びよせ、母娘ふたりが厨房に立ち、ピエールさんがサービスにまわり、ファミリーが団結して切り盛りしています。メニューが何ページもあるような、ちょっと機械的な感じがする店とはまったく違い、友人宅に呼ばれているようなアットホーム感あふれる場所なのです。

　パリのエスニック料理、特にベトナム料理に関しては本場より辛さ、甘さ、酸味などのバランスが整っているように感じます。フランス人はやっぱり食べることが好きな人たちで、よりおいしく食べたいと貪欲に追求する国民。だからあまりにも本場すぎるエスニックよりは、ほどよくガストロノミーの要素が加わったフランスのエスニックのほうが、私にとってもより自然な感じがします。日本のタイ、ベトナム料理も好きですが、日本だとさっぱりと優しい風味が、こちらでは濃くなる感じ。油っぽいというのとは違い、スープでも、だしをとる食材の味そのものが濃いので、そこからくる違いなのでしょう。例えば、お肉ひとつとっても、フランスで煮込みをつくると、大量のアクが出る。けれども、そのアクをきれいに引いて取ったブイヨンの味は、アクが出ない肉のだしよりもキャラクターが濃い。だからひと口で、日本とは違う味わいを実感できます。また、日本ではそれほどポピュラーではありませんが、パリの人々が大好きな「ボブン」をぜひ味わっていただきたいです。春巻きや肉、野菜をのせた米粉で、汁ではなく甘味のあるソースでいただくのですが、この店では特に、ヘルシーなサラダ感覚に仕上げています。

　タイ、ベトナム料理が好きなのは、酸味、甘味、辛味などのバリエーションの豊かさに加えて、フレッシュなハーブを好きなだけ添えて、さらに香りを楽しめるところ。パリに暮らしていた時代、調子が悪いときでも、こういった料理を食べると心身共にリラックスできたことを覚えています。いきいきとした葉っぱの新鮮さを取り込んで、体の中からリフレッシュできる感じ。この店の料理もまた、疲れた体に元気をくれる、しかも作り手の人柄が伝わる、気持ちまで温かくなるような味なのです。

Aloy Aloy map-**5**
アロイ・アロイ

61 rue des Trois Frères 75018 Paris
☎＋33・(0) 1・42・55・89・77
㊗19:00 ～ 23:00（土曜は昼も営業13:00 ～ 14:30）
㊡日・月曜

2

1

1 カボチャやタロイモのピューレが
可愛らしい粒状になった温かいデザート、
ボイロイ(€6)
見た目どおりのソフトな味わい
2 甘味と辛味のバランスがいい、
トム・カークン(€7.5)
「ALOY！」と思わず言いたくなる
美味しさ

La Thaïlande familiale sur la colline de Montmartre

――― モンマルトルの丘で味わう、タイのおふくろの味

4

3 人気のタイ風ボブン(€15.50)
4 お店のデコレーションにしても、
サービスのスタイルにしても、フランスとアジアが
うまく融合していておもしろさが。
ひとりでふらりと寄れそうな気さくな雰囲気もいいところ。
陽気なインテリアのテラス席も人気。ちなみに店名は
タイ語で「おいしい、おいしい」という意味

3

23

再開発エリアの本格派

Coretta
コレッタ

'14年1月にオープンした『コレッタ』は、フランスの食の評論家たちの間で特に評価の高い店。若い世代が作る「ブルジョワな料理」として評判を呼んでいます。オーナーは、今回お会いしたジャン-フランソワさん、そしてベアトリスさんとそのご主人マチューさんの3人。メキシコ生まれのベアトリスさんは、ブーローニュの森の星つきレストランでスーシェフを務めたあと、8区の『Neva Cuisine（ネヴァ・キュイジーヌ）』を手がけ、その料理のおいしさから、一躍ビストロ界のスターとなりました。若い世代のオーナー3人のチームワークのよさで今、最も勢いにのっています。

場所はパリの中心から少し離れている再開発地区ですが、大きな公園に面していてすがすがしさも漂うところ。天気のよい日のランチにもうってつけのレストランです。真新しいガラス張りの建物の中の2フロアで、一見そっけないくらいにシンプルな内装ですが、よくよく見れば、ごく庶民的なお店とはひと味もふた味も違う要素がちらほら……。平日の昼、さりげなく大理石が使われたテーブルにはビジネスランチをするスーツ姿の男性たちでにぎわっていて、卓上のミネラルウォーターは繊細な泡の「シャテルドン」という具合。そして、メニューにもパラスとか最高級レストランで見られるようなノーブルな食材と風味の複雑性がバランスよく組み込まれていて、なるほどパリのグルメたちを魅了するのも当然と納得しました。例えば、アンギーユ・フュメ（スモークしたうなぎ）などはガストロノミーのシェフたちが好んで使う食材。ここではそれに仔牛を合わせ、グラニースミスという酸味のきいた青リンゴやホースラディッシュ、スパイスを駆使し、脂のコクのまったり感とさわやかな感じとを上手にマリアージュさせています。

また、リドヴォー（仔牛の胸腺）もブルジョワ料理の代表的な食材。日本では一般家庭では手に入りづらいこともあって、フランスに来ると必ず食べたいもののひとつですが、仕事の善し悪しが味を大いに左右します。まず、白くてにごりのないツヤと弾力のあるリドヴォーを選ぶところから料理人の力量が表れます。一度ゆでてから冷水にとり、ていねいに皮をむいてと、下ごしらえもきちんと手順を踏む必要があるのです。火入れは、内側はロゼ、まわりは一面にきれいな黄金色の焼き色をつけてカリッと仕上げるのが大事。ひとつの食材に2つの対極する食感と香ばしさ、仔牛からとった甘みのあるだしで仕上げたソースはコクがありながら透明感もある。

流行にとらわれず、しっかりとしたフランス料理を現代人の体にもすっとなじむようにアレンジした料理が楽しめるのです。しかも新しいパリの顔が生まれつつある地区の店でというのが新鮮で、またうれしいところです。

Coretta map-**9**
コレッタ

151 bis rue Cardinet 75017 Paris　☎＋33・(0) 1・42・26・55・55
㊂ 12:30 ～ 14:00、19:30 ～ 22:00（日曜は12:30 ～ 16:00）　㊡日曜の夜
アラカルトのほか、コース3品（前菜・メイン・デザート）€41、
2品（前菜とメイン、もしくはメインとデザート）€35

1 白桃のデザート。ヴェルヴェンヌとレモンがアクセントになっています。きれいなピンク色は桃の皮から抽出したもの
2 私のおすすめのリドヴォーは定番の一品。つけ合せは季節ごとに替わりますが、写真はあえて焦がしたカリフラワー、セロリ、グレープフルーツなどを取り合わせて
3 目にも美しい前菜のアンギーユ・フュメ

Produits gastronomiques bien travaillés dans un nouveau quartier

――――――― 新空間で味わうブルジョワ料理

4 上階は大きな窓と高い天井で開放感たっぷり
5 1階はカジュアルな雰囲気。カウンターごしに厨房の空気が伝わってきます
6 収納とデコレーションを兼ねたワインボトルの配置

プールサイドレストラン

24

Molitor
モリトー

個性派レストラン

オープンと同時に、サルコジ前大統領夫妻が訪れたことでも話題になった『モリトー』。１９２９年の建築以来60年間、パリで最もおしゃれなプールとして親しまれていましたが、閉鎖されたあとは、アンダーグラウンドアートに占拠された状態のまま長く放置されていたと聞きます。それが数年かけて大改装。プール、ホテル、レストランなどが入った複合施設として新しくお目見えしたのです。

最寄りのメトロの駅からゆっくり歩いて10分くらいの距離ですが、私はこの界隈の建物を眺めるのが好きです。16区にはさまざまなスタイルのオテル・パルティキュリエ(大邸宅)があったり、アール・ヌーヴォー建築やル・コルビュジエが手がけた建物があったり、パリの中心部とはまた違った風景が楽しめます。かつて、建築家の友人らとよく訪れていたのがこの地区。

さて、アール・デコ時代の名残をとどめたプールサイドでの食事。メニューを見てまず思うのは、健康志向でグルメなマダムたちが好みそうな構成になっていることです。さらに、国籍を問わず多くの人に受け入れられる食材とシンプルな調理方法でまさに「王道メニュー」ともいえるイメージ。しかし、例えばアミューズブーシュの生ハムメロンなどは、ハムの姿はなく、ジュレ状になってメロンの上にさっとかかっていたりと、水着姿にも心配無用なくらいにヘルシーでさっぱりしたもの。メインディッシュはノーブルな食材を使い、味つけも食材の組み合わせも特に奇をてらわず素材そのものを生かすという明解さ。けれども三ツ星シェフ監修だけあってきちんとていねいな仕事がされているのがわかる、安心していただける料理です。

私のおすすめはオマール海老。こちらでは調理法を変えたりはするものの、一年を通じてオマール海老が楽しめます。フランスではノエル近くになるとオマール海老、なかでも特にこの店で使っているようなブルターニュ産になると、数倍も値上がりするのですが、いつも安定して供給できるようにしているとのこと。今回いただいたのは、同じブルターニュ産の塩バターを適度に使って仕上げたシンプルなロースト。アーモンドのカリッとした食感と焦がしバターの芳醇な香りで楽しみます。また、席に座っていて気づくのは、テーブルセッティングと周囲の眺めとのハーモニー。コップの長方形の柄や高さはプールのまわりのキャビンを思わせますし、お皿の大きさ、カトラリーなどひとつひとつの要素がうまくデザインされてひとつの空間をつくっている。

皿の上とテーブル、そして景色全体との調和を大切にしたまさに〝建築〟が、歴史的建造物に新しい空気を吹き込んだといえるでしょう。

Molitor map-**8**
モリトー

10 avenue de la Porte Molitor75016 Paris
☎＋33・(0)1・56・07・08・69(レストラン予約)
㊔6:30～10:00(朝食)、12:00～15:00(ランチ)、19:00～23:00(ディナー) ※日曜はブランチ　無休

1 ブルターニュ産オマール海老のローストにはアサリのリゾットがつけ合わせ(€55)。奥は前菜のガーデンサラダ(€16)
2 プールサイドの席が私のおすすめ。気持ちよく泳いでいる人のすぐそばで食事が楽しめます
3 ブルーに塗られた扉のひとつひとつが着替え用のキャビン。これがプールを取り囲むようにあるのが、昔の建築スタイルでした
4 デザートの一品サントノレ(€13)

Un endroit pittoresque et unique, eau et Art déco

――――――― 眺めのいいオリジナルスペース

5 レストランとバーの仕切りにも、往年の面影を漂わせるステンドグラスが
6 おしゃれなパリっ子たちが集った時代を思わせるポスター

25

香りの新世界

Le 68 Guy Martin

ル・ソワサントユイット・ギィ・マルタン

シャンゼリゼ通り68番地。香水の「ゲラン」本店の地下に2013年に誕生したのがこのレストラン。監修しているのは日本でも有名なスターシェフ、ギィ・マルタンさん。『ル・ソワサントユイット・ギィ・マルタン』という店名がすでに、「ゲラン」と彼とのコラボレーションを象徴しています。大の日本好きということで、ギィ・マルタンさんの料理にはこれまでも日本の食材や調味料が使われていましたが、それに加えて、「ゲラン」ならではの香りとのアソシエーションが特徴。オープンした際、調香師も交えて数カ月間メニューの開発をしたそうで、香水のもとになる植物やスパイス、こしょう、エッセンシャルオイルなどが料理の中に盛り込まれています。

海老のメインディッシュでは、隣に添えてある泡からサフランの香りが立ちのぼってきて、しかもサラダ仕立てにしたフレッシュなフヌイユとの相性も抜群。また、下のリゾットがお米ではなく、じゃがいもを小さなキューブ状にしたものがベースになっているので、一見ボリュームがありそうに見えますが、重すぎない一品になっています。

香りのコンセプトは料理だけでなくデザートにまで行き届いていて、例えば、香水の名前にもなっている「ラ・プティット・ローブ・ノワール」というデザートにはバラの香りがしのばせてあります。チョコレートとバラという組み合わせは珍しいですが、味わってみると、カカオのほのかな酸味とバラのパルファンの組み合わせがとても繊細で新鮮。しかも、同じチョコレートでも、ガナッシュのしっとり感、ムースのソフトさ、ごく薄く仕上げたフィヤンティーヌのパリッとした感じなど、いろんなテクスチャーと風味が口の中に同時に広がる感覚が楽しめる……。このスイーツはぜひ、フランボワーズとバラの香りがブレンドされた同じ名前のオリジナルティーと一緒に味わっていただきたいと思います。

ところで、見た目も味もフェミニンなお店の印象から、お客さまは圧倒的に女性が多いのかと想像しますが、そうではなくて、シャンゼリゼ通りという一大観光地にありながら、とっておきの隠れ家的なコンセプトを夜にゆっくりと楽しむ男性も多いのだとか。

ざわざわとした大通りから一歩足を踏み入れると「ゲラン」の香りの空間が広がり、さらに奥に進んで大理石の階段を下りればこんなに素敵な白い空間が待ち受けているという贅沢。しかもそこでは、メタル、木彫、温かみのある布などさまざまなマチエールがいい具合に共存している。空間もお皿の上のクリエーションもすべてが、複雑な要素を絶妙のバランスで調和させたパルファンの世界さながらです。

Le 68 Guy Martin map-**2**

ル・ソワサントユイット・ギィ・マルタン

Maison Guerlain 68 avenue des Champs Élysées 75008 Paris
☎＋33・(0)1・45・62・54・10 ㊝朝食 10:00～11:30、ランチ12:00～15:00、ティータイム15:00～18:00、ディナー 19:00～23:00（ラストオーダー 21:30） ※ディナーは水曜～土曜 ㊡日曜

3 2

1

6 5

4

Saveurs et parfums composent une belle symphonie.

——— 味と香りが奏でる至福のハーモニー

1「ラ・プティット・ローブ・ノワール（黒のミニドレス）」(€14)
2 エビのメインディッシュ(€28)
3 日本の漬物の要素も盛り込んだ春巻き風の前菜(€18)
4「ゲラン」オリジナルティーは全部で7種。80g入りで€35
5 香りのもとになる花がテーブルにも
6 質感の違う素材が美しく調和しているレストランの内装
7 レストランのエントランス。おみやげによさそうな紅茶、ハチミツのほかスイーツもテイクアウト可能

7

26

Clown Bar
クルーン　バー

サーカスの余韻

マレ地区に住んでいたころ、ピカソ美術館から「冬のサーカス」と呼ばれる劇場あたりは、自宅から地下鉄の駅までの日常の通り道にありました。そのサーカスには近所ということもあり、いつでも行けると思いながら結局行かずじまい。中の様子をお伝えできないのが残念です。19世紀に造られたそうですが、独特の魅力があります。

『CLOWN BAR』は、その「冬のサーカス」のすぐ隣。「ピエロ酒場」という店名どおり、もともとはサーカスで働く人たちのカンティーヌ（食堂）でした。2014年春、レストラン業界の若い名コンビによって引き継がれ話題を呼んでいます。数年前のオープン時にセンセーショナルに取り上げられた2区のレストラン『Saturne《サチュルヌ》』のシェフとソムリエのコンビです。

天井から光が入る明るくすっきりとしたインテリアと、ポロシャツ姿で仕事するシェフ・スベンさん、そして何より日本料理に通じるようなデリケートな食感がきわだつ料理が印象的でした。スベンさんは私とは時期が違うのですが、実は『アルページュ』で働いた経験があって、料理の話などもかなりはずんで意気投合。日本の調理道具も愛用しているので、使っているうちに壊れてしまった部品などを日本から送ってあげたりというような交流が続いていました。そして今回、この新しいアドレスでの再会となりました。

メニューは日によって替わります。小皿料理風なので、複数の料理を多めにとってシェアしても楽しめそうです。今回いただいた前菜のフォアグラはレアな感じの仕上がりでしっかりと厚みもあり、ねっとりとした食感。ブルーチーズのグラニテと取り合わせています。フランスではフォアグラとチーズをひと皿に仕立てることはほとんどありませんが、こうして冷たいグラニテにすることで、インパクトがありながらも、穏やかにマリアージュする感じが独創的でおもしろい。洋梨を薄くスライスして添えたり、ポワレしたエスカルゴに生のマッシュルームを合わせたりと、料理にさわやかな印象と軽さを与えています。つまり火を入れるものと入れないものの組み合わせが絶妙で、ひとつのお皿の中に必ずフレッシュな生のものが添えてあるのが特徴です。

これまで私はフランスというラテンの国で、情熱的で、自由な発想の料理人のかたがたから刺激を受けてきたのですが、その中で、スベンさんは少し異色の存在。人柄はもの静かで、穏やかながら、内に秘めた料理への思いは半端ではない。軽やかな印象の食事を終えたあと、ずっと余韻に浸っていられるのは、その料理に作り手の力強い思いが込められているからこそ、なのかもしれません。

Clown Bar　map-**3**
クルーン　バー

114 rue Amelot 75011 Paris　☎＋33・(0)1・43・55・87・35
㊔8:00～翌朝2:00（ランチ12:00～14:30、ディナー19:00～22:30）
㊡月・火曜

Plats subtils sous une parade de clowns.

——— ピエロのパレードのもとでいただく繊細な料理

スベンさんは'86年生まれ。
まだ20代という若さですが
落ち着いた雰囲気が。
彼の繊細さを日本人シェフが
しっかりとお皿の上に
表現していて、スベンさんも
喜んでお任せしているような
印象を受けます

27

Septime La Cave
セプティム・ラ・カーヴ

〝ビュヴェット〟最新型

旅の途中、しっかりとごはんを食べるまでではないけれど、軽く飲んでちょっと何かつまんで眠りにつきたいということありますよね。こちらはそんなときにぴったりの場所。Ｐ20で紹介したレストラン『セプティム』のシェフ、ベルトラン・グレボさんによる3つ目のアドレスで、その名も『ラ・カーヴ』という居酒屋風の店です。パリでは今、のりにのっているシェフたちが2号店、3号店を出して話題になっていますが、1号店と同じ通り、あるいはごく近いところに出すのが傾向で、このお店も『セプティム』からは目と鼻の先。内装は、ナチュラルなテイスト、しかもより内輪な雰囲気の空間になっています。

ここでは、レストランの料理を提供するのではなく、まずはワインが手に届くくらい身近にあって、それにおつまみが添えてあるというイメージ。「ワインバー」というより「ビュヴェット(スタンド)」といったほうがしっくりときます。これといった厨房もありませんが、ベルトランさんが厳選したシンプルなおつまみを肴《さかな》に、カーヴィストが提案してくれるワインを気軽に楽しめる心地よさがここにはあります。

さて主役のワイン。いずれもビオやビオディナミ、つまりオーガニックな栽培法で作られたぶどうを、酸化防止剤などの添加物を極力控えた自然な方法で醸造したものがセレクトされています。

フランスは基準が厳しいこともあり、あえて表立って「オーガニック」とは謳《うた》ってはいませんが、仕事ぶりを熟知した、信頼のおける小規模生産者によるラインナップになっています。以前フランスでは、オーガニックの考え方は理解できるが、それが実践できることなのかという意見が多くありましたが、時が進むにつれて、次第に支持され求められてきている。そんな風潮がこういったお店の人気につながってきています。

ワインは、フランス産を中心に全部で100種類ほど。ずらりと並んだボトルについている値段は持ち帰り価格で、プラス7ユーロを支払うと店内で楽しめます。ドザージュゼロ(リキュール無添加)のシャンパンが6種類セレクトされているのも魅力的です。

また、フルーツとハーブをミックスしたジュースもおすすめ。アプリコットとローズマリーのミックスをいただいてみましたが、濃厚で香りが高く、しかもこれと一緒に食事ができるくらいの自然な甘さです。ローズマリーは感覚器官を活性化させる若返り効果があるといわれますが、それはともかく、お酒を飲まない人にとっても十分楽しめる場所です。

Septime La Cave map-**7**
セプティム ラ カーヴ

3 rue Basfroi 75011 Paris ☎＋33・(0)1・43・67・14・87
営16:00〜23:00(日曜17:00〜22:00) 休月曜

以前は美容室や靴修理店だったという建物の梁が。
温かみのある照明で　独特の空気感が醸し出されて

1

Soirée intime et décontractée autour d'un verre

———— パリジャンの会話を
BGM に更けていく宵

2

1 ポワローヴィネグレットといえば
ビストロの定番。そばの実やカボチャの種で
食感の対比を加えているあたり、
こだわりがあります
2 棚に並んだワインは、自由に手に取って
品定めできます

28

L'Huîtrade

リュイトラード

極上牡蠣のフルコース

パリで食べてみたいもののひとつが牡蠣という方、きっと多いのではないでしょうか。夏には生牡蠣を食べないほうがいいといわれていたのは昔のことで、流通が発達した今では一年中楽しめます。フランスの牡蠣の養殖は、いったん全滅したあと、再生のために日本から持ってきた牡蠣が元になっていますが、海が違うので味もまったく違う。日本酒と一緒にポン酢などでいただく日本の牡蠣もおいしいけれど、フランスの牡蠣はまた別で、コクのある深い味わいが特徴です。

それを楽しむのに私がおすすめしたいのは、三ツ星シェフのギィ・サヴォア氏と、彼の右腕として活躍しているクレモン・ルロワシェフが手がける牡蠣専門店『リュイトラード』。凱旋門から目と鼻の先、レストラン『ギィ・サヴォア』の向かいに２０１４年12月にオープンしました。三ツ星レストラン御用達の養殖家からの直送ですから、質の高さは文字通りお墨つき。そしてさらに素晴らしいのは、さまざまな牡蠣を同時に味わえることです。パリで生牡蠣を頼むと、同じものが6個か12個単位で出てきますが、この店の「グランユイットル」という一皿は、産地や種類の違う牡蠣8種類の盛り合わせ。これだと種類ごとに殻の形だけでなく、中身の色合いも全部違っているのが一目瞭然。それぞれが育った海の色を思い浮かべながら、味の違いを楽しめるというううれしい趣向なのです。

ところで、私はかねてから生牡蠣の一番おいしいいただき方は、こしょうをさっとひくだけと思っていてそれを実践してきたのですが、ここではまさしく私と同じ食べ方をおすすめしていると知ってうれしくなりました。レモンでもエシャロット入りのワインビネガーでもなくこしょうだけ。こうすると、牡蠣そのものの味を存分に味わえるだけでなく、赤ワインとも合います。牡蠣と赤ワインと聞くと意外に思われるかもしれませんが、フレッシュさの感じられる軽めの赤ワインと、フランスの牡蠣とは上手く合うのです。ぜひ試していただきたいと思います。さて、生牡蠣のあとには、すこし手を加えた牡蠣。ジュレで包んだ牡蠣を下に添えたクリームと一緒にいただくギィ・サヴォア氏のスペシャリテをはじめ、エスカベッシュや塩と海藻のシャーベットでいただく牡蠣。そして最後にはタルティーヌ仕立てのほんのり温かい一品をぜひ。トーストしたパン・ド・カンパーニュの上にタルタル状の牡蠣が載っていて、黒こしょうと細かく切ったネギがアクセントになっています。カリッと焼けたパンの熱で牡蠣のヨードの香りとうまみがダイレクトに感じられるこの一品にはやはり赤ワイン。スパイシーさのある赤などと合わせれば、今まで味わったことのない牡蠣のおいしさを体験できるはずです。

L'Huîtrade map-**2**
リュイトラード

13 rue Troyon 75017 Paris
☎＋33・(0) 1・44・09・95・85
㊫11:30 ～ 14:30　18:30 ～ 22:30
㊡日・月曜

3

2

1

Non seulement crues, mais aussi cuisinées les huîtres déploient leurs richesses

―― 生はもちろん名シェフのレシピでも堪能する牡蠣

6

5

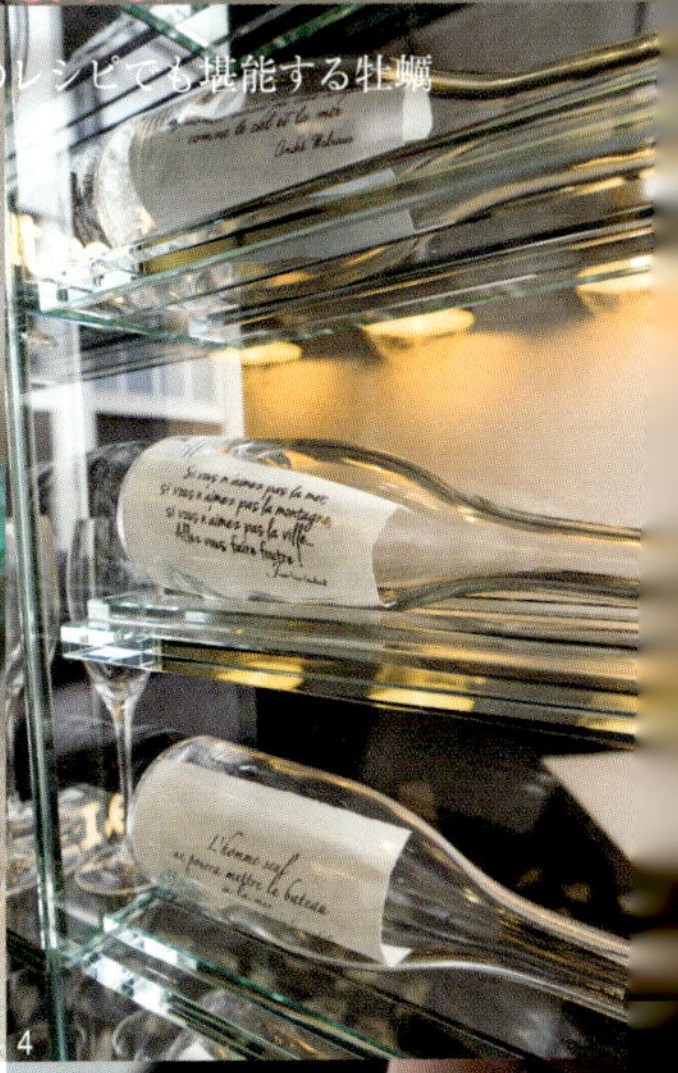

4

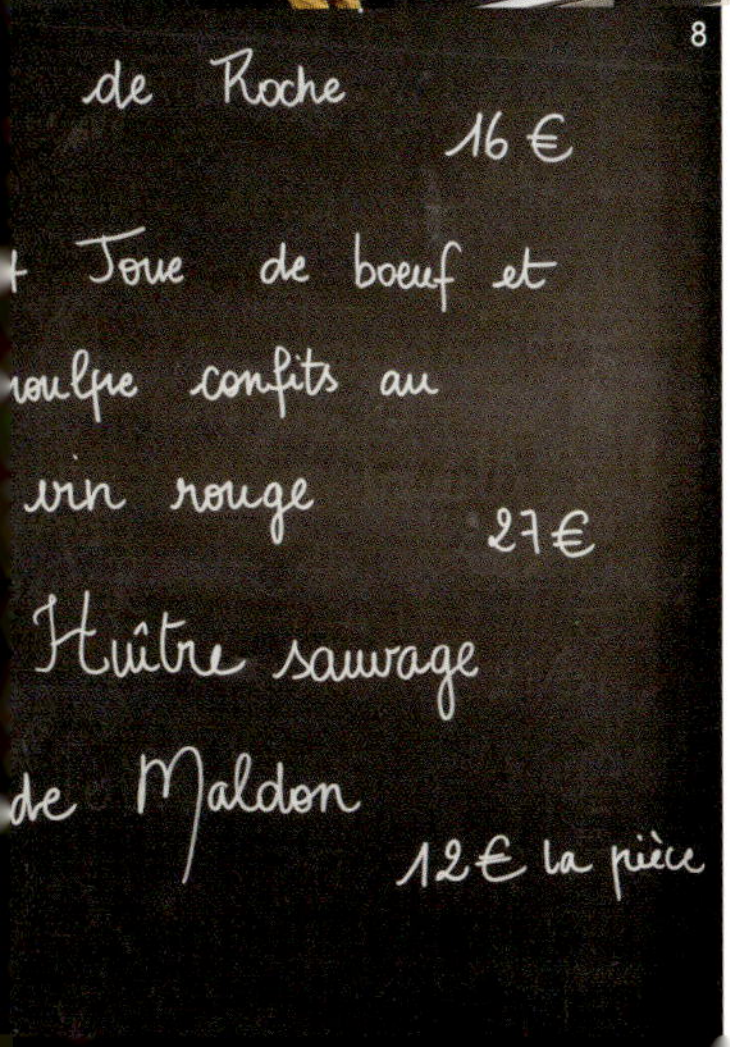

8

1 手前がレストラン『ギィ・サヴォア』の定番、クレームフレッシュと一緒にいただくジュレ仕立ての牡蠣
2.3 種類の異なる牡蠣を8種同時に楽しめる「Grand Huître（グランユイットル）」
4 内装はジャン・ミシェル・ヴィルモットによるもの。一角には海にまつわる著名人の名言があしらわれています
5 新しい牡蠣の美味しさに開眼するタルティーヌ仕立て
6.7 店頭でのテイクアウトも可能
8 牡蠣以外の日替わり料理もあるので、牡蠣が苦手な人と一緒でもOK

7

29 ワインのブラッスリー

Les 110 de Taillevent
レ・ソンディス・ドゥ・タイユヴァン

バー・ア・ヴァンでもなく、ビストロ・ア・ヴァンでもなく、〝ブラッスリー・ア・ヴァン〟。『レ・ソンディス・ドゥ・タイユヴァン』を形容するのには、その言葉が一番似合います。「110」というネーミングの由来は、ワインの種類が常時110あるということ。しかもそれがすべてグラスでいただけるというのですから、コンセプトがまず画期的です。

合わせる料理のほうはといえば、この国の大人が懐かしがるに違いないクラシックフランセーズ（フランス伝統料理）の定番が目をひきます。例えば、背開きにした白身魚を揚げてタルタルソースでいただく「メルラン・コルベール」や、日本語にすると「風で舞い上がる」というような意味の「ヴォル・オ・ヴァン」。これは、パイケースの内側に鶏などをソースと一緒に詰めたもので、パイ生地がふわっと沸き上がるように膨れていく、軽くてしかもダイナミックなイメージを連想させるおもしろいネーミングです。

実際に食べてみると、ソースもしっかりとしていてけっこうなボリュームなのですが、この充実感こそをぜひ味わっていただきたいと思います。

このところ、昔ながらの定番料理をメニューにのせる店はフランス全体でも増える傾向にあります。つまりそれらのレシピをルヴィジテ（再評価）しようとする店が多いのです。重たい料理をかなり軽く、現代的なアプローチで解釈してお皿にのせるタイプがある一方、こちらの店では、定番は定番らしく奇をてらわず、あくまでもクラシックなまま、上品なプレゼンテーションで出てきます。重厚な料理を軽くアレンジしてしまうのではなく、軽い料理をとりまぜてメニュー全体を構成して、全体のバランスをとる。だから、すごくしっかりとしたフレンチを食べたいという人と、あっさりとまとめたいという人が一緒の席にいても、前菜、メインの組み合わせを上手にすれば、それぞれのおなかの具合や好みで楽しめるのです。

さらにおもしろいのは、メニューを開いたとき、料理のひとつひとつに4種類ずつのおすすめワインが明快に表示されていて、しかも、2つの分量から選べるところ。料理ごとにワインを替えられるだけでなく、ひとつのお皿を2種類のワインと味わうというのも可能なわけで、ワインとの相性によって引き出される料理の味わいの違いを発見する、そんな楽しみ方もできます。その土地のワインをその土地の食材と一緒に味わうというのはまた格別。しかも、ゆるぎない伝統のクオリティは、『タイユヴァン』という名前が保証しています。

Les 110 de Taillevent map-**2**
レ・ソンディス・ドゥ・タイユヴァン
195 rue du Faubourg Saint Honoré 75008 Paris
☎＋33・(0) 1・40・74・20・20
㊔ 12:00 ～ 14:30、19:00 ～ 23:00　無休

1 グレープフルーツ、ライムの風味でさっぱりといただくスズキのカルパッチョ(€18)には、アルザスのリースリングを添えて
2 私のイチ押しの「ヴォル・オ・ヴァン」(€28)
3 さまざまな食感を楽しむショコラのデザート(€12)は、ポルト酒とともに
4 小鴨の胸肉のロースト、オレンジ風味(€29)には、サンジョセフが手堅い選択

admirons les excellents mariages des vins avec la cuisine de qualité!

――― 本場ならではの食のマリアージュを満喫

5 銘柄とヴィンテージがわかるタグが足に
6 バーカウンターの正面に並んだ110銘柄。店内は渋めのゴールドと茶色が基調のシックな内装

30

Les Climats
レ・クリマ

ブルゴーニュ図書館

パリの人たちはテラスが大好き。ほどよい日射しと
さわやかな風が心地よいテラスの開放感は、夏の
楽しみのひとつです。なかでも隠れ家めいた素敵なテラ
スがある『レ・クリマ』は、サンジェルマンの交差点や
オルセー美術館がすぐそばという立地も魅力的なとって
おきのアドレス。ブルゴーニュワインを楽しみながら本
格的な料理が楽しめます。

包み込んでくれるような親しさのあるブルゴーニュワ
インが好きという方、きっとたくさんいらっしゃるので
はないでしょうか。フランス滞在中、例えば現地のワイ
ナリーまで足をのばすことがかなわないとしても、ここ
に来れば今まで知らなかったブルゴーニュワインにたく
さん出会えます。全部で1200種以上にもなるという
リストはまるで辞書をめくっているような気分になるほ
どで、特にムルソーの豊富さには立ちくらみがするくら
い。赤と白、それぞれの適温に設定されているセラーに
は、図書館で使うのと同じハシゴが架けられているとい
うのも象徴的です。そしてこのセラーを取り囲むように、
バーラウンジ、メインダイニング、サンルームとテラス
という具合に、それぞれまったく別の個性をもつコーナ
ーが展開しているのも独特。アールヌーボーの歴史的建
造物をモダンでゴージャスに改装したサロンは、夜に赤
ワインをゆっくり傾けたい雰囲気ですし、光がきれいな
テラスやサンルームなら、白ワインでランチというよう
に、一日の時間帯と気分に合わせて楽しめます。

いずれのコーナーでも隅々にまで配慮が行き届いてい
る心地よさは、オーナーのひとりキャロルさんの女性な
らではの目線によるもの。彼女と話していて感じるのは、
ワインへの精通ぶりと経験の豊かさです。昨今、ワイン
の世界でも女性が活躍していて、キャロルさんはその代
表的存在として知られています。

料理も繊細なプレゼンテーションで、一見すると女性
的ですが、味はむしろ男性的。つまりしっかりとした王
道ガストロノミーがベースになっていて、いかにもワイン
がすすみそうなバランスのよさを感じます。例えば前菜
の海老のタルタルなど、見た目はさっぱりとした感じで
すが、日本の海老と違ってねっとりとした食感で味も濃
厚。ソムリエが提案してくれたシャサーニュ・モンラシ
ェもいいですし、クレマン・ド・ブルゴーニュとも相性
がいいと思います。というのも、発泡性のクレマンとい
うと、シャンパーニュとは格が違うと思ってしまいがち
ですが、適度な酸味とフレッシュさがありつつ、ハチミ
ツのような風味と厚みがあり、余韻も長く上質な味わい。
可愛いサイズのスイーツ、ミニヤルディーズ（プチフー
ル）には、お茶のかわりにクレマンを合わせて、双方の
甘味が織りなすハーモニーを堪能するのもおすすめです。

Les Climats map-**13**
レ・クリマ

41 rue de Lille 75007 Paris
☎＋33・(0) 1・58・62・10・08
㊮ランチ12:00～14:30、ディナー 19:00～22:00
テラスはランチタイムのみ　㊡日・月曜

Bons bourgognes rencontrent de belles assiettes.

―― ブルゴーニュワインとの新しい出会い

壁一面にボトルが眠るセラーを
特別にヴィジット。
店内では三ツ星を経験した
シェフが手掛ける料理とともに、
美味しいワインが楽しめます

31

Jacques Genin
ジャック・ジュナン

官能ショコラ

東京にもパリにもおいしいショコラはたくさんありますが、パリに来ると食べたくなるのが、『ジャック・ジュナン』のショコラです。私が好きな理由は、なんといってもショコラのきめが本当に細かいこと。ファンデーションの形容ではないですが、とってもシルキーなきめ細かさは、ほかでは感じられない質感。その感覚はまた、香りにも表れていて、従来のショコラにあるような香料の強さとは違って、まるでハーブ畑を歩いているときに、ふっ、と漂ってくるような、そんなナチュラルさが、ここのハーブの使い方。これはジャックさんご本人がとてもセンシティブなかたで、その人間性がクリエーションにも表れているからだと思います。

　ブティックはパリの最先端をいくおしゃれでスタイリッシュなつくりですが、製作においては、世の流行にとらわれない独特のポリシーがあります。例えば、秋になると、パリのショコラティエやパティシエたちは次々と、ノエルに向けた新製品の発表イベントを催しますが、ジャックさんは、そういったモード的な流れには乗らずに、「季節の素材を生かしたクリエーションに徹している」と話します。ノエルの食材がまだ手に入らない時期にそのシーズンの料理を考えるのがとてもむずかしいことは、私も経験していますので、彼のいわんとしていることはよくわかります。製作者にとって、実際に食材を手にしてはじめて生まれてくる発想があると思うのです。ですから、今、現実に自分の手のひらの上にある大切なもの、その確かな価値や喜びをみんなと分かち合うためにも、それを手にするまで待つ、というのが彼のスタイルなのです。ショコラティエの仕事は、温度や数字で語られることが多いですが、彼の場合は料理人的。ミシュランの星をとったオーナーシェフだったというキャリアからなのかもしれませんが、彼の食材の見方、扱い方は、ラボラトワールにいるショコラティエというよりも、調理場にいるシェフという印象です。

　そしてこちらのパティスリーは、パリの空気感の中でこそ堪能したい味です。タルト・オ・シトロンのフレッシュさは、女性の人生に例えるなら、ちょうど18歳のころ。フランは20代。キャラメルのカリッとした歯応えとバニラの余韻が口の中で溶け合うサントノーレは、キャラクターに個性が出てきた30代。プラリネの中にひそむナッツがなんともいえないコクをもたらすパリーブレストは、人間として深みを増してきた40代や50代。そんなふうに、女性としての生き方や記憶をパティスリーに形容しつつ、時間の旅をしているような気分になれる。これもまたパリならではの楽しみ方かもしれません。

Jacques Genin map-3
ジャック・ジュナン

133 rue du Turenne 75003 Paris
☎＋33・(0) 1・45・77・29・01　㊫ 11:00 ～ 19:00（土曜は～ 20:00）　㊡月曜
サロン・ド・テも併設されているこのアドレスの他、ショコラと砂糖菓子を扱うショップが7区にオープン。ショコラ9個入り€10 ～

1 スイーツを女性の人生に重ねれば、「サントノーレ」は、さまざまな個性が主張しはじめる30代の魅力。官能ショコラという私の形容にジャックさんも大納得

2 絶大な人気を誇る「エクレア」。でき上がったばかりのシュー生地とショコラクリームのハーモニーは、夢心地のおいしさ

Chaque pâtisserie évoque une partie de la vie d'une femme

——— 大切な記憶をたどるようなスイーツたち

3「タルト・オ・シトロン」をアレンジしたフレーバー。オレンジ、ライムとバジルの風味がこのうえなくさわやかなラインナップ

4 甘草風味のボン・ボン・オ・ショコラに日本のニッカウィスキーを合わせて

5 ミルクチョコレートのおいしさに開眼したのはジャックさんのものを知ってからのこと

32 ビジュースイーツ

L'éclair de Génie
レクレール・ドゥ・ジェニー

エクレアの語源には諸説あって、どれが本当かはわからないのですが、いずれにしてもフランス語のéclair（エクレール＝稲妻、電光、電光のように早い）がもとになっています。エクレアの表面のグラッサージュがぴかぴかと光ってツヤがあるので、それにちなむという説や、土台になるシューを焼いたときにできる割れ目が稲妻のように見えるからという説。中に詰めてあるクリームがほおばっているうちにこぼれないように、一瞬のうちに素早く食べるという意味からきているなどなど……。時に、エクレアのグラッサージュが甘すぎるからない方がいいという人もいますが、もしもこのグラッサージュこそがエクレアの語源だとしたら、これはもうマストの存在だといえます。

『レクレール・ドゥ・ジェニー』は、そのエクレアに特化した専門店。かつてパリの『フォション』で私が料理を担当していた時代、スイーツを担当していたのがこの店のオーナー、クリストフ・アダムさんなのです。その後、彼も独立して、メディアに登場したり、パリのオペラ座近くに『ADAM'S（アダムス）』というサンドイッチ屋さんを開いたりと活躍しているのですが、たまたま私がその店の前を通りかかったときに久しぶりに再会。そのとき、いろいろな企画を進めていて、これからが楽しみと思っていた矢先にオープンしたのが、このお店というわけなのです。

そもそもエクレアはとてもクラシックなお菓子ですが、クリストフさんの発想で今っぽく変身しているのがこの店のおもしろさ。入ってすぐに感じるカラフルで鮮やかな印象は『フォション』時代の彼（の作品）を彷彿とさせます。エクレアに「モナリザ」などの絵をあしらったシリーズや、モードの世界のように、春夏、秋冬ごとのコレクションを発表したり、当時としてはかなり斬新な試みが話題になったのですが、新しいこのお店でも彼らしさは健在。味の種類も、普通ならカフェやショコラくらいのバリエーションですけれど、柚子などのインターナショナルな食材や、フルーツをふんだんに使っていて、とてもフレッシュです。

さらにトッピングの素材との組み合わせも相まって、最初のひと口目から最後まで同じという従来のエクレアのイメージを覆す新しさがあります。いかにも今の時代を象徴しているようなこのスイーツを、できれば旅のおみやげにしたいところです。しかしさきほどの語源ではありませんが、エクレアはすぐに食べてもらいたいお菓子。こちらのは小ぶりで甘さも控えめですから、お店のあるマレ地区を散歩しながらほおばるのがおすすめです。

L'éclair de Génie map-**3**
レクレール・ドゥ・ジェニー
14 rue Pavée 75004 Paris
☎＋33・(0) 1・42・77・85・11
㊫ 11:00 〜 19:00（土・日曜 10:00 〜 19:30） 無休
エクレアは1個€5前後

季節のフレッシュフルーツを
ふんだんに使った「フレジェ」。
マダガスカル産カカオ64%の
「ショコラ・グラン・クリュ」
「ルージュ・フランボワーズ」
は目を見張る鮮やかさ。
ドラクロワの名画をあしらった
ユニークなクリエーションも

Des couleurs éclatantes,
Un goût inédit,
Un nouveau concept

——目にも舌にも新鮮なコンセプトストア

33

Dessance

デサンス

デザート割烹

私が暮らしていたころのパリ3区、北マレのこのあたりは、すこし寂しげな雰囲気もあるようなところだったのですが、今ではすっかり様変わり。流行の店が次々とできています。通りすがりの人が足をとめて、表のメニューに興味津々と見入っているここ『デサンス』もそのひとつ。デザートだけのレストラン登場ということで、オープン時にはセンセーショナルな話題になりました。デザートだけと聞くと、甘いスイーツばかりが出てくるようなイメージだったので、果たしてそれでうまくいくのかしらと、最初は皆が思っていたようです。

しかし実際に体験してみると、「キュイジーヌ・シュクレ(甘い料理)」とショップカードにも謳《うた》われているとおり、スイーツというよりはむしろ素材の自然の甘さを引き出すような料理のレストラン。私が最初に訪れたとき、「本日のジュース」をオーダーしたところ、きゅうりがベースのジュースが出てきて、時差ぼけの体にすっと染みわたるようなナチュラルな味わいが印象的でした。話題性だけでなく、内容も伴ったかたちで今では人気店になっています。

メニューには、例えばガトーショコラのようなスイーツもありますが、むしろフルーツや野菜をふんだんに使って、ちょっと甘味のある、しかも最後に塩、こしょうで仕上げるようなものが多く組み込まれています。野菜を使ったデザートというと、フリーズドライや粉末の野菜を使ったり、その色や味がするだけというものが多いですが、こちらのは素材本来の食感までを表に出しているのです。例えばにんじんのシャーベットとグリンピースの一品では、グリンピース独特のプチプチした食感はそのままに、つるやさやの部分まで使ってジュレやソースにするなど、素材をまるごと生かしきっているのです。グリンピースとにんじんといえば、料理の付け合わせ用に缶詰になって売られているような、フランスではごく日常的ななじみ深い組み合わせ。それがこんなにかわいらしいデザートになって、これまでにない味と食感を体験できるというのがとても新鮮です。

おまかせコースでは何皿もデザートが出てくるのですが、もしもこれが全部甘かったら、2皿目、3皿目で満腹感がおしよせてくるところ。けれども、ひと皿ひと皿にグラニテ、ソルベなどが上手に組み合わせてあるのでとても軽くて、しかもシンプルというよりは、いろんな要素が盛り込まれているので飽きません。

もうひとつのこの店の楽しみ方としては、比較的遅くまで開いているので、例えばベトナム料理のフォーなどを一杯食べたあとにここに来て、アラカルトの一品を締めのデザートにするというのはいかがでしょう。今のパリならではの食の楽しみ方ができると思います。

Dessance map-**3**
デサンス

74 rue des Archives 75003 Paris ☎+33・(0)1・42・77・23・62
㊒14:00〜22:30(水・木曜)、12:00〜23:30(金・土曜)、
12:00〜22:30(日曜) ※いずれも18:00〜19:00は休み ㊡月・火曜

La naissance de la cuisine du sucré devant vous.

2 1
4 3

新しいスイーツの誕生に立ち会う

1 私もしばし取り合わせるイチゴとハイビスカスのハーブティーを使った一品。フロマージュブランの下にはパセリのソルベ
2 ブラータ(モツァレラ)とオレンジのコンフィ、さらにマスタードリーフのソルベが隠し味になったひと皿。とろりとした感じと舌に軽い刺激を与えるようなマスタード、そして微発泡のドイツワインがとてもよく合ってます
3 オムレット・ノルヴェジアンには、パリで人気のウイスキーを
4 野菜の繊細な甘味を上手に生かしたにんじんとグリンピースのデザート

34

ほっこりサロン・ド・テ

Carette
キャレット

多くの店やレストランがお休みのパリの日曜日。旅行でこられて、さてどこで過ごそうかと迷ってしまったことはありませんか？　そんなときおすすめしたいのがマレ地区。例外的にお店が開いているこの地区は必ずしも買い物が目的でなくても、ウインドーを眺めたり、ただなんとなくそぞろ歩くパリっ子たちでにぎわっていて、独特の雰囲気があります。

そして、そんな街歩きの途中で立ち寄るのに格好のサロン・ド・テが、この『キャレット』。もともと16区で地元の住人に長く人気を誇っているこの店が、6年ほど前からヴォージュ広場にもお目見えしました。いかにもパリ16区のマダム御用達といったクラシックなインテリアを愛《め》でながら、ぜひとも味わっていただきたいのが、こちらのクレーム・シャンティーイ。つまりホイップした生クリームです。銀の器にたっぷりと盛りつけられたクリームを見て、「えっ！こんなにたくさん？」と、むしろネガティブにとらえられるかもしれませんが、ひと口味わえば、生クリームのイメージが一変することでしょう。そもそも、一般的な日本の生クリームの乳脂肪分が45%なのに対して、意外に思われるかもしれませんが、フランスの液状生クリームは34～35%が主流。脂肪分そのものが低いのです。にもかかわらず、酪農国ならではの深くて豊かな味わい……。この豊かさこそ、私がパリで開眼した食の感動のひとつです。

マレ地区は私にとって格別の思い出があります。というのも、パリで最初の住まいがこの界隈。23歳、初めてのひとり暮らしは、ピカソ美術館の裏の通りの小さなステュディオでした。買ってきた4ｍ四方のカーペットが大きすぎて切った記憶がありますから、たぶん14㎡くらい。床は傾《かし》いでいました。2年間暮らしたその部屋はとても狭かったのですが、窓からの景色や聞こえてくる音がこの部屋の価値でした。夜の窓からは、ピカソ美術館の中に明かりがともって、絵の搬送やかけ替えをしているのが見え、日曜日の昼下がりには多くの人が下の通りを行き交っている。そんな風景を見るのが好きでした。当時は、早くフランス語を上達させたいと、昼も夜も語学校に通っていて、いろんなレストランに行けるわけでもなく、食事はもっぱら学食でした。そんな中でも、例えばこの生クリームのほかにも、にんじんやビーツをスライスしただけのサラダなど、素材そのもののおいしさが新鮮に感じられた。そんな時代でした。

このヴォージュ広場もよく足を運んだ場所で、季節ごとに違った表情を見せてくれます。ちょっと薄暗くて寒いところを歩いてきて、柔らかな明かりのともったサロン・ド・テに入って暖まる。そんな静かな冬も、私の大好きなパリです。

Carette　map-**3**
キャレット

25 place des Vosges 75003 Paris
☎＋33・(0)1・48・87・94・07　㊔7:30～24:00　無休
16区のトロカデロ広場にある1927年創業の老舗サロン・ド・テの2号店として、マレ地区のヴォージュ広場に2009年3月オープン。

la crème chantilly, un nuage, un rêve

雲のような、夢のような クレーム・シャンティーイ

アーケード部分に設けられたテラス席で、クレーム・シャンティーイを。
ショコラショーに入れたり、あつあつのクレープに添えるのも格別

35

清純パティスリー

Sébastien Gaudard
セバスチャン・ゴダール

日本でも たくさんのフランス菓子が知られていますが、この「ピュイ・ダムール」(左ページ上)はまだあまりなじみがないかもしれません。直訳すると「愛の井戸」。パイ生地の中にたっぷりのクレーム・パティシエール(カスタードクリーム)を詰めた、とてもクラシックで素朴なお菓子です。

伝統的なパティスリーというと、日本人にとっては重たいイメージがありますが、ここ『セバスチャン・ゴダール』のお菓子にはしつこさがない。2つくらいはすぐ食べられそう……そんな気がするほどです。

ふんわり軽さのあるパティスリーだからこそおすすめしたいのが、アルコールと一緒に楽しむ食べ方。このピュイ・ダムールになら貴腐ワインのようなデザートワイン、モンブランにはブランデーなど、お茶やコーヒーとは違った味わいが発見できて、パティスリーの味わい方に幅が広がります。

ところで、このフランス菓子には欠かせないクレーム・パティシエール。粉を卵と合わせ、温かい牛乳を入れたあと、さらに火にかけて煮詰めるのですが、バニラと黄身の風味が大切で、火入れ加減とともに卵のクオリティと新鮮さが結果を大きく左右します。また、パイ生地の焼き具合は大きな要素。少し焦がしただけで、苦味ばかりが強調されてしまったりと、食感と風味を最高に引き出すかげんはかなりむずかしいのです。

その点、こちらのお菓子は、一見とてもシンプルに見えますが、味わってみれば、材料のよさは歴然。上質な食材を十分に生かす火の入れ方をしているのがわかります。

ちょっとした違いであっても、しっかりとした仕事の積み重ねが、他のお菓子屋さんとは明らかに違う風味のよさを生むのだと思います。例えばタルト・オ・シトロンにのっているスライスレモンの繊細な薄さや、小ぶりで均整のとれた形に仕上げてあるあたりは、モダンなパティスリーの典型でさえあります。

ところで、このお店には流行《はや》りのマカロンなどにみられるようなカラフルな装飾がほとんどありません。ここにある豊かさは、卵や牛乳、小麦粉やバターといったベースとなる素材そのもののクオリティーの豊かさであって、なにか別の要素をつけ加えて生み出すものではないのです。

このように本質を大切にする姿勢が多くの人をとらえているように思えるのです。

Sébastien Gaudard map-**6**
セバスチャン・ゴダール

22, rue des Martyrs 75009 Paris
☎＋33・(0) 1・71・18・24・70
㊔ 10:00 ～ 20:00 (土曜は9:00 ～、日曜は9:00 ～ 19:00)
㊡月曜　ルーブル美術館近くにサロン・ド・テ併設の2号店もオープン

ほんとうにおいしい
クレーム・パティシエールというのは、
10軒中2軒か3軒くらいの確率。
これだけたっぷり入っていても、
もたれる感じがしないのが秀逸。
ピュイ・ダムール(€5)

Trinquons en l'honneur des grands classiques des pâtisseries françaises

——— 永遠に愛される味に乾杯！

1 サクサクのミルフィーユには
シャンパーニュを合わせて
2 ごく薄のスライスレモンにていねいな仕事が
見てとれるタルト・オ・シトロン
3 空気のような軽さを感じさせる仕上がりに
驚くはず
4「ピュアで控えめな感じにしたかった」と、
セバスチャンの意図が反映された
すっきりした店内

36 妖精シュークリーム

La Maison du Chou
ラ・メゾン・デュ・シュー

小さいときからお土産といえばシュークリームというのが定番。病気になると買ってきてもらえるのはプリンかシュークリームでした。

あるときからカスタードクリームに加え生クリーム入りのものが出たり、コンビニなどでも売られるようになったと思うのですが、フランスに来て初めてシュークリームを食べたとき、その違いを実感したのでした。乳製品の味の違いでしょうか、「おいしい」というよりもむしろ「豊か」という言葉がぴったりくるように感じたのです。そんな本場のシュークリームが今度は日本にきて、焼きたてのシューにその場でクリームを詰めるというのが評判になったりも。さらにニューヨークにも飛び、切磋琢磨を重ねながら、シュークリームは時代とともに進化しているように思えます。

こちらは、フランスに里帰りというか、逆輸入されたともいえそうなシュークリームの新しい専門店。その名も『ラ・メゾン・デュ・シュー（シューの家）』。日本で好まれるのは、どちらかというと大きめで、クリームはまったりとなめらかな印象がありますが、ここのは小さめで素朴なふわっとしたクリーム。甘味も控えめでさっぱりしています。シューはデリケートなもので、生地を作るときの水分量や、焼くときの温度調整など、細かい配慮が必要。表面はパリッと、中はふっくらとさせるのがコツですが、こちらのお店では食感をさらに引き立てる「スペキュロス（ベルギーのシナモン風味のビスケット）」の粉末を上にふりかけています、酸味のあるフロマージュ・ブランとサヴァイヨンのふわふわっとしたクリームがマッチして、どこかチーズケーキを思わせるような味わいも特徴です。しかも、歩きながらでも簡単に食べられる芽キャベツサイズなので、散歩の途中にほおばるのにもぴったりです。

この店のオーナーは、M・O・F（フランス最優秀職人）のタイトル保持者でもある二ツ星レストラン『ルレ・ルイ・トレーズ』のオーナーシェフ、マルチネスさん。彼のレストランの料理はどれもおいしいと評判ですが、なかでもここの「クネル」という料理が私は大好き。とてもなめらかで、しかも口の中でふわっと溶けてしまう。新しいシュークリーム専門店のシューも、すぐ近くにあるこのレストランの厨房で焼いたものを運んできているそうで、さすがはあの「クネル」のシェフが作るふわふわなシュークリームだと納得しました。

ちなみに、お店のある広場は、パリの中でも好きな場所の一つ。サンジェルマン地区には皆さんよくいらっしゃると思いますが、この一角に入ると、まるで妖精が住んでいるかのように澄んだ空気が漂っている感じ。まさにこのシュークリームの軽さに通じるようです。

La Maison du Chou map-**13**
ラ・メゾン・デュ・シュー

7 rue de Furstenberg 75006 Paris
☎＋33・(0) 9・54・75・06・05
㊢ 11:00 ～ 19:00　無休
サンルイ島にも2店舗めがオープン

1

Petits délices de contes de fées dans mon Jardin secret.

——— 秘密の庭のささやかな幸福

1 芽キャベツサイズのシュークリーム(€2)。
3種のクリーム(ナチュール、カフェ、ショコラ)の
中でも、私のおすすめはナチュール。
20個くらい食べられそうです(笑)
2 店内で、吟味されたお茶やコーヒーとともに
楽しむことができます
3「まるで妖精がすんでいるよう」な
フェルスタンベール広場に面した店内

3

2

グルメ小路

37 Terroir d'Avenir

テロワール・ダヴニール

人気ビストロ『フレンシー』のあるニル通りは、少し前までは暗くて、人通りもまばらだったのですが、『フレンシー』の2つめの姉妹店が開店し、さらにこちらの食材店が軒をつらねるようになって、雰囲気が一変しました。

『テロワール・ダヴニール』は、弱冠30歳の若きアレクサンドルとサミュエルのふたりが始めた店。八百屋、魚屋、肉屋の3店舗で構成されています。彼らはもともと、こだわりのある作り手たちから直接仕入れた高級食材を星つきレストランや人気店に卸すという仕事をしていて、新しく開いたこれらの店にあるのもそれと同じレベルのものなのです。

ビオ（オーガニック）人気がフランスではすっかり定着してきていますが、同時にビオとつくだけで値段が高いというイメージもある。けれどこの店のものは、ビオと謳《うた》ってはいないもののすべて無農薬有機栽培で、香りや触った感じからも質の高さがわかります。

私は外国に来ると、朝一番に体に取り入れたいのが果物。フランスの朝食といえばクロワッサンとカフェオレというイメージですが、私は、朝食用に旬のフルーツをマルシェなどで買い込むことにしています。

このお店なら、次の日に目を覚ますのがすごく楽しみになるような果物が揃っているのです。ヨーロッパ特有の品種のものからはその凝縮された味と香りに驚き、フランスならではの肥沃な土地で育てられたのだと実感します。この取材中、店にアスペルジュ・ソヴァージュ（野生のアスパラ）を卸している栽培家のおじさんに、通りで偶然遭遇したのですが、このように作り手の顔が見えるところも消費者に安心感を与えています。

ところで、アスパラやインゲンは、ゆでたあと冷水にとるよりも、広げて冷ましたほうが水っぽくならずに風味を保てます。

例えば、このアスペルジュ・ソヴァージュなら、オムレツやスクランブルエッグに入れたくなります。フライパンにバターを温め、そこに溶いた卵を流し入れます。卵はあまり泡立ててしまわないで、白身と黄身がちょっと分かれているくらいのほうが私は好き。少し固まりはじめたタイミングで、さっとゆがいたアスパラをざくざくっと切って入れます。シェーブルチーズなどをちょっと砕いて加えても……。つるっとしているようで、ぬめりもあるような独特のアスパラの舌ざわりが楽しめます。

食感という点ではフランス人よりも日本人のほうが敏感のようですから、きっと皆さんにもこの特別な舌ざわりや歯応えを堪能していただけることと思います。

Terroir d'Avenir map-**4**

テロワール・ダヴニール

6-7-8 rue du Nil 75002 Paris ☎＋33・(0)1・81・70・97・90

㊖火〜金曜10:00〜14:00、15:30〜20:00

土曜9:30〜14:00、15:00〜20:00 日曜10:00〜14:00 ㊡月曜

Profiter pleinement de la qualité étoilée au quotidien

気軽に毎日とびきり素材

八百屋の店先で店主アレクサンドルと。人気ビストロ『フレンシー』のバー・ア・ヴァンの食材も『テロワール・ダヴニール』からのもの

38

もっと身近にフロマージュ

Griffon
グリフォン

パリの老舗『キャトルオム』『バルテルミー』という店で修業したクレール・グリフォンさんが開いたチーズ専門店『グリフォン』。チーズの名店でアフィナージュ（熟成）の仕方などノウハウを学んだうえで、若いセンスと現代的なプレゼンテーションでオリジナリティを出しています。かわいらしい形や色、デザイン的にもおもしろいものがあったりして、見ているだけでも楽しくなるようなチーズ屋さん。

もちろん、チーズの味も格別で、地下の熟成カーブを見せていただきましたが、かなりのこだわりをもって取り組んでいるところに感心します。

フランスのチーズはバラエティに富んでいて目移りしてしまいます。季節によって旬のチーズがあるので、その時期ならではのものをアドバイスしてもらうとよいと思います。こちらでは真空パックにしてくれるサービスもあり、日本に持って帰ることも可能。

ただし、カマンベールなどは12時間のフライトのあと熟成がかなり進み、いきなり軟らかくなっていたりすることもあるので、気をつけたいところ。その点、コンテやミモレットなど、ハードタイプのチーズは変化が少ないので、持ち帰るのにも安心です。

サン・ネクテールやドライフルーツを合わせたトム・ド・ブルビ、そして特にボーフォールが好き。これをナイフではなく手で欠いて、トリュフと一緒に食べるのが私にとって最高のチーズの食べ方。もしもトリュフの旬に来られたら、試してください。

また、熟成の進んだミモレットにはカラスミのような風味がします。ごはんに振りかけたりすることもありますが、おすすめはカルパッチョやお刺身との組み合わせ。例えば、ホタテ貝を、二等分、三等分くらいの厚みにスライスし、オリーブオイルを敷いた皿に並べ、そこに薄く切ったミモレットと大根の薄切りを添え、オリーブオイルとビネガーなどをかけて味わう。火も使わないシンプルな料理ですが、これだけで立派な前菜になります。

それと、コンテチーズなどは、そのまま食べてもおいしいのですが、残ったらパルメザンチーズのような使い方をして生かせる幅広く応用のきくチーズ。リゾットやパスタに入れたり、スープにも。お好きな野菜をバターで炒めて、水か牛乳を加えて、そこに残ったチーズを入れてミキサーにかけるだけで、とても深い味わいのスープになるのです。冬なら、カリフラワーとロックフォールチーズの組み合わせがおすすめです。

Griffon map-**15**
グリフォン

23 bis Avenue de la Motte Picquet 75007 Paris
☎＋33・(0) 1・45・50・14・85
㊎9:30 ～ 19:30　㊡日・月曜

3

2

1

1 シブレットとセルフィーユをまぶしたフレッシュシェーブル(€4.25)。ロゼワインと一緒にいただいたら、南仏にいるような気分が味わえます
2 イタリアのペストー風味のゴーダチーズ(€6)やサフラン風味など色鮮やか
3 4年熟成のミモレット(€38.90/kg)
4 センスのいいプレゼンテーション

4

Le fromage nécessite beaucoup d'attention, comme pour les enfants

——— 子供をいとおしむように育むチーズ

7

6

5

5 チーズと好相性のジャムやジュレが手軽なミニサイズで揃っています
6 ピスタチオを入れてウズラの卵状にしたミモレット(€11.95)はお店のオリジナル
7 丹精に熟成される上質チーズ

39

Dilettantes
ディレッタント

マイボトルを探しに

フランスでアペリティフといえば、ひと昔はキールなどが人気でしたが、今のパリではビストロやブラッスリーのような庶民的なところでもシャンパーニュ、という印象を受けます。

お祝いごとや誕生日の特別な飲み物から、日常に楽しめるアルコールになりつつあるという感じ。有名な銘柄だけでなく、これまで私たちに知られていなかったような小さな造り手によるシャンパーニュも見かけるようになり、しかもリーズナブルな値段で楽しめるようになってきたのはうれしいかぎりです。

サンジェルマン地区の専門店『ディレッタント』は、そんな新しい楽しみ方を可能にしてくれる場所。

シャンパーニュ醸造家ファミリー出身のファニー・ウックさんが、2012年秋にご主人と一緒に始めたお店で、誰もが知っている有名メゾンのボトルだけでなく、ご実家のものをはじめ、小規模の造り手によるシャンパーニュが種類豊富にとりそろえられています。

個人的な好みをいえば、白ぶどうのシャルドネ品種だけからできるブラン・ド・ブラン、すっきりしたビアンセック（辛口）が好き。とはいえ、色や香り、味だけでなく、泡のきめ細かさなど、それぞれに違った個性をもつシャンパーニュをシチュエーションや食事ごとに選び分けるのも醍醐味だと思うので、是非新しい出会いを見つけたい、と思っています。アペリティフから前菜、お魚、お肉、そしてデザートまでをシャンパーニュで通すディナーは特に女性に人気です。いろいろな造り手のものを合わせて構成することもできますが、ひとつの銘柄で年代を変えて取り合わせるのもおもしろい。

しかも、シャンパーニュはフレンチだけでなく日本食とも相性がよく、特に天ぷらなどとはよく合います。カラっと揚がった揚げ物の軽さとシャンパーニュの発泡性、ほどよい油分をすっきりといただけるので、日本の天ぷら屋さんではシャンパーニュをよく飲みます。

もうひとつ、シャンパーニュのいいところは、すごく凝った料理でなくても、それがあるだけで素敵な食卓になるところ。ちょっとした食事会をするのに、忙しくて手をかけた料理を作れないときでも、生ハムやチーズだけなら素朴な印象でも、そこにシャンパーニュがあるだけで、たちまち華やかな感じになります。

シャンパーニュには、ほかの飲み物にはないそんな不思議な力があります。こちらのお店では、地下でテイスティングもできます。友達にちょっと自慢できる「私だけのお気に入りのシャンパーニュ」を見つけてみてはいかがでしょうか。

Dilettantes map-**13**
ディレッタント

22 rue de Savoie 75006 Paris
☎＋33・(0) 1・70・69・98・68　㊖ 11:00～19:30（木曜は～21:00）
㊡日・月曜

17世紀のカーブを改装した地下。テイスティングの銘柄は2週間ごとにチェンジ。1杯(€10前後)から3杯セット(€20～30)を、ハムやチーズ、リエット(€8～)と一緒に楽しめます

apprécier la richesse des champagnes dans une cave historique.

歴史を感じるカーブで
シャンパンの豊かさに浸る

2

1

3

1.2 ファニーさんおすすめのひとつ「Clos Cazales」2000年ヴィンテージ(€85)
3 地元に精通したファニーさんが選ぶ25の造り手、約140銘柄に加え有名銘柄も。海外発送も可
4 こうしてシャンパーニュが歌っている音を聴くのも好きです

4

40 郷愁ベーカリー

Du Pain et Des Idées
デュ・パン・エ・デ・ジデ

パリ中心部のとあるレストランで食事をしたとき、そこで出されていたパンがとてもおいしくて、作り手のアドレスを教えてもらってたどりついたのが、ここ『デュ・パン・エ・デ・ジデ』でした。

扉を押して中に入ると、感じのいいレトロなデコレーションの店内に漂う、普通のパン屋さんとはひと味違う香り。どこかスパイシーな、それでいてレモンのコンフィや南仏のお菓子、カリソンを思わせるような甘くてさわやかな香りが印象的でした。

そしてお目当てのパン、「pain《パン》 des《デ》 amis《ザミ》」。私はそもそも大のパン好きですが、白い小麦粉を使って早く発酵させて焼いたものは、なんとなく体に負担を感じるようになり、このパンのように、無精白の小麦粉をゆっくりと発酵させて作ったパンを選ぶようになりました。

表皮が厚いパンば、中身もぎっしりと詰まった感じになってしまうことが多いのですが、こちらのはふわっと軟らかい。ひとつのパンに、これほど違う食感が同居しているのは珍しいこと。だから、例えば前菜やメインのときには内側の軟らかい部分を、そしてチーズには外側の硬い部分を合わせて、香ばしさの変化も一緒に味わう。そんなふうに、食事にアクセントをつけた楽しみ方もできます。

そして、もうひとつのうれしい発見が、この店のクロワッサン。フランスで、「プルーストのマドレーヌ」といえば、食べ物の香りから幼い記憶が蘇ってくる例えとしてよく使われる言い回しなのですが、私にとっては、このクロワッサンがまさにプルーストのマドレーヌ。最初に口にしたとき、お母さんがホットケーキを焼いてくれた、ちっちゃいときの記憶が鮮明に蘇ってきたのです。まわりがちょっとカリッとしていて、中はふんわり。卵とほの甘い香りが立ちのぼってくる……。

「自分の子供にも、このクロワッサンを食べさせてあげたい」。誰もがそんな気持ちになる味なのです。パリのパン屋さんにはほとんど足を運んで、必ずなにかしら試してみるのですが、ここまで懐かしさを与えてくれるクロワッサンはここだけ。味や形、作り方のよしあしを超えて、強く心に響くものがあるパン屋さんです。

Du Pain et Des Idées map-3
デュ・パン・エ・デ・ジデ

34 rue Yves Toudic 75010　☎＋33・(0)1・42・40・44・52
㊔6:45～20:00　㊡土・日曜

Leur croissant, une vraie petite madeleine de Proust

——— 幼い記憶をよびさますクロワッサン

お気に入りクロワッサンがこれ。ひとつ€1.60。他にも美食ガイド「ゴーミヨ」誌で、'08年の最優秀パン屋に選ばれたこの店の看板商品「pain des amis」もおすすめ

41

Causses
コース

ひらめきエピスリー

この店は私にとって1週間の疲れを癒し、同時に次なるアイデアに思いを馳せる場所。自分をリセットする食材の宝庫です。店に入ったらまず、絞りたてオレンジジュースのコーナーへ。サイズ違いのボトルがあって持ち帰りもできますが、私はその場でお金を払って、すぐに飲んでしまいます。そのあとでゆっくりと生鮮食料品の並ぶ棚や地下のワインコーナーを見て回ります。日本ではまず見つからないような、小さい規模の生産者が作るハム、チーズ、今まで知らなかったビオワインやいろいろなタイプのスパイスなど、いつもなにかしら発見があって、どんな料理に合わせようか考えたりするのも楽しいですし、新しいレシピのインスピレーションを得たりもします。

フランスでもビオ（オーガニック）食材についての意識はかなり高まっています。以前は、「いくらビオといっても、隣の畑がビオじゃなかったらどうなの？」などとあまり好意的に受け止められていなかったものが、特にここ数年くらいの間で急速に浸透してきたと感じます。しかも、例えばレストランなどでビオ野菜100パーセントをうたう場合、それ以外の野菜が同じ調理場に同じ時間帯にあったら政府の認証が取れない、という厳しい制約もあります。つまり、ビオは単なる流行だけでなく、きちんとリスペクトされ、コントロールされているので、消費者にとっても安心です。

もともとフランスの野菜といえば、形がまちまちで、土がついていたりしましたが、それがもっとナチュラルになった感じです。特にこの店では、日本だったらたぶん捨ててしまうような小さな切れ端みたいなにんじんや大根があったりして、それをどうやって生かそうかと、逆に頭を使うきっかけにもなります。「レギューム・ウブリエ（忘れられた野菜）」と呼ばれるような、これらの個性的な野菜。年配のかたは、戦時中の食料難で昔はそれしか食べられなかったので、あまり好きではないようですが、若いシェフたちには興味深い食材のようです。ピュレやフライにして肉や魚の付け合わせにすることが多いですが、こんなにんじんなら、食材そのものにキャラクターがあるので、単独でひと皿作ってもおもしろそうです。野菜だけで立派なメインになるでしょう。

夏に向かう季節の素材なら、大ぶりのきゅうりを一本スライスして、これもまたフランスならではの食材のひとつ、酸味のあるクレームフレッシュとあえて、塩とこしょう、みじん切りにしたエシャロットを大さじ1杯くらい入れてもいいですね。それにスモークした魚、あるいは、好きなぶんだけスライスしてくれるハムなどを添えて、ロゼワインと楽しんではいかがでしょう？　あ、そうそう、ここの香ばしいパンもお供に……。

Causses　map-**6**
コース

55 rue Notre Dame de Lorette 75009 Paris
☎＋33・(0) 1・53・16・10・10
㊒ 10:00～21:00　㊡日曜
3区に2号店もオープン

食材をたっぷり買い込んで。
前職は金融関係というオーナーのアレクシスさん。隣接して、週日のランチの時間帯にスープやサラダが食べられるコーナーも

Je découvre plein de produits intéressants, une source d'inspiration.

——————インスピレーションを刺激してくれる食材店

1 これからブームになる予感の粒こしょう。
魚のソースには白、赤を浸したオイルをサラダにと個性を使い分ける楽しみが
2 ラベルも魅力的なロゼは「レ・ジョリ・フィーユ」(きれいな娘たち)というネーミング
3 色も形も違うにんじんたち
4 添加物ゼロ、野趣満点のサラミ

42

気分はホームメイド

L'effet Maison
レフェ・メゾン

偶然前を通りかかったときに、いろいろなカラーや形の調理道具が見えたので、入ってみたのが最初の出会い。よく、「おみやげになるような調理器具を探しているんですけれど、どこで買えますか？」というような質問を受けるのですが、ここ『レフェ・メゾン』は、そんなリクエストにぴったりの場所。かわいらしいデザインのカップケーキの入れ物などは、お菓子作りが好きな人に喜ばれそうだし、プロ仕様のフライパンなどは、かなり上級の料理好きにも満足してもらえそう。そんなふうに、幅広く、いろんなレベル、興味に応えられる店です。さらに魅力的なのは、入ったとたんにおいしそうな匂いがしてくるところ。店の奥が料理教室になっていて、そこから漂ういい香りにつられて、ますます心を駆りたてられるようです。

フランスでは数年前から、料理教室とか料理学校が増えていて、有名シェフ自らが開いた学校もあります。私も、アラン・デュカス氏の料理学校にオープン当初からかかわっていて、渡仏する際に授業をしています。大半がフランス人の生徒さんで、マダムだけでなく、男性も多く、中学生からリタイア紳士まで、ときには7割が男性ということも。テーマは食材の火の通し方だったり、お寿司のために買ったものの、彼らにとってはほかに出番のないままのお醤油を、日常のサラダのビネグレットに入れるアイデアを織り交ぜたりしながらの半日コース。それでも短いほうですから、かなり濃いプログラムの学校です。

この店隣接の教室は、そこまでかしこまらず、お家《うち》の中でみんなで一緒に料理をする、という感じで、気軽に参加できる雰囲気。

そうして午後のひと時を過ごしたあとは、また自分で作るときに必要な材料や道具、できあがったお菓子をのせるお皿やラッピングアイテムまで買いそろえて帰るという楽しみもあります。

実は私は今でも、パリの料理学校「ル・コルドン・ブルー」に最初に入ったときにそろえた、学校のロゴマークの入った包丁を使っています。家族のごはんを作るときには、20年前に祖母がくれた旧式の圧力鍋が大活躍。それで煮物を作ったり、お赤飯を炊いたり……。

使い慣れた道具は、手になじんでスムーズに作業ができるだけでなく、料理に愛情をこめる手助けにもなるので、私はこういった愛着のある道具が好きですが、そこにちょっとしたアクセント的に、ファッションでいえば、旬のアクセサリーみたいな感覚で新しいアイテムを取り入れると、料理がもっと楽しくなるかもしれません。

L'effet Maison map-**4**
レフェ・メゾン
32 rue Vignon 75009 Paris ☎＋33・(0) 1・44・56・94・43
㊔ 12:00～19:00
㊡日曜、月曜

Sucrier

粉砂糖を入れて振りかけて
使ったりするのに便利。
パリのロゴはキッチンのアクセント
としても(€8.50)

Tampon pour toast

こちらはトーストにエッフェル塔の
模様が刻印できるユーモラスな
パリグッズ(€5.90)

Presse-ail

にんにくを中に入れて、
内蔵カッターを回転させて
みじん切り。手に匂いがつかない
アイディア商品(€13.90)

Ustensiles de cuisine, ingrédients...
Tout pour faire soi-même!

――――― 手作りのための A から Z までを集めて

Tube de moutarde

ハチミツ+カレー(右)、トリュフ
風味(左)の、ブレンドもルックスも
技ありマスタード(各€7.50)

Moule à beurre

バターの成形型。実際に使わなく
ても、オブジェとしても活躍しそう
(€25)

Huile d'olive

香水瓶のように見えますが、実は
こちらはオリーブオイル。これも
サプライズ的なプレゼントに(€19)

43

ご自慢シャルキュトリ

Maison Vérot
メゾン・ヴェロ

パリを歩いているとき、ここがフランスの食の豊かさを世界に発信している場所とは知らずに、多くの方がこの店の前を通りすぎていると思います。ジル・ヴェロさんと奥さんのカトリーヌさんが切り盛りする『メゾン・ヴェロ』はごく小さなお店ですが、フランスの食卓に欠かせないシャルキュトリ（食肉加工品）の名店。ニューヨークでも私はジル・ヴェロさんのシャルキュトリに遭遇しています。土地によってそれぞれの味の好みがあるので、フランスのシャルキュトリがほかの国で受け入れられるのかどうかと思いましたが、ニューヨーカーが列をなして買い求めているのを目の当たりにして、さすがだなと思いました。マンハッタンのレストランや総菜屋さん、カフェなどにも置かれていて、フランスの良さをアメリカに浸透させるという意味において、ジル・ヴェロさんのシャルキュトリがすごい力になっているのです。保守的なイメージのある食材ですが、開店30周年を迎えて新しいものを作ったり、次から次へとクリエーションを発表していますし、さらにロンドンやボストンでも展開していくそうですから、その志に多くを期待したいと思います。

　シャルキュトリのうれしいところはその手軽さ。好みのものを持ち帰って、パンとワイン、あとはマスタードやコルニッション（ピクルス）があればよいですが、それだけでフランスの伝統の味を十分に楽しめます。いくつかおすすめを挙げるなら、まずはジャンボン・ド・パリ。しっとりと柔らかくて、絹のような舌触り。香りも繊細です。薄くスライスしてもらって、白ワイン、あるいはシャンパンを合わせてもいいと思います。そのあとパテや内臓系の濃いタイプのものに進むにつれて赤ワインというふうに、シャルキュトリのなかでも味の階層の違いによって飲み物を変えつつ、コースのように楽しんでみてはいかがでしょう。彼のお店のものは丹念に手間ひまかけているだけあって、いずれも味ばかりでなく、見た目も美しいのが特徴です。特にテリーヌの断面などを見ると、凝縮された豚の頭から足までの部分が細かく散りばめられているのがわかります。ブーダン・ノワールはリンゴと一緒に食べるというのが定番ですが、その要素がパテの中で隣同士になっていたり、フォアグラとイチジクが重なり合っていたり、一切れのなかに一皿の料理が詰まっているようで、食べていて飽きない楽しい味です。

　日本ではレストランのシェフがチーズやシャルキュトリまで作ることがありますが、こちらではブーランジェ（パン屋）、パティシエそしてシャルキュティエ、それぞれのメチエ（職業）に長い歴史があります。お父さん、おじいさんも同じ仕事をしていたというジル・ヴェロさんを見ていると、職人技の奥深さを強く感じます。

Maison Vérot map-**16**
メゾン・ヴェロ

3 rue Notre-Dame des Champs 75006 Paris
☎＋33・(0) 1・45・48・83・32
㊔ 8:30 〜 19:30 ㊡日曜、月曜
※15区にも店舗がある。

Bonheur de gourmet à disposition

——いつでもどこでもごちそう気分

1 ジル・ヴェロさんと。
サンジェルマン・デ・プレにほど近い
レンヌ通りにも面したお店の前で
2 サンテティエンヌ、リヨン、パリ、
父子3代にわたる家業30周年を記念して
製作したテリーヌ。カフェ『フロール』で
お披露目されたあと定番商品に
3.4 目移りしてしまうほど豊富なラインナップ。
ハムやソシソンの定番のほか、春にはテリーヌ系、
秋からクリスマスにかけてはジビエやトリュフを
使ったものなど、季節ごとのバリーエションも楽しい

44

豊穣の醍醐味

Marché Président Wilson
マルシェ　プレジダン　ウィルソン

シーズンごとに楽しみがあるのがパリのマルシェ。秋なら、時間をかけて土の中で育ってきたもの、例えば彩りもさまざまな根菜などが出回ってきたり、バターナッツやポティロン(西洋カボチャ)、新種のブドウなどほんとうに数多くの種類が並びます。日本ではお目にかからない品種もたくさんあって、なかでもシャスラというブドウが私は大好き。それをジビエの季節ならではのほろほろ鳥やウズラと合わせて料理に使ったりします。店先でまず一粒つまんで味を確認してから買うのはこちらではごく普通のこと。私もよくやりますが、そんなふうに食材と人とのコンタクトが近いのも魅力的。さらに言うと、私にとってマルシェは、たくさんのインスピレーションを与えてくれるところ。何かを買う目的がなくてもふらりと来て、ポティロンの隣にセップ茸があったりするのを眺めながら、レシピのアイデアが浮かぶだけでなく、目に焼きつけられた色の配合が後になって盛りつけに役に立ったりすることも。

野菜や果物だけでなく、チーズにも季節感があって、牛が生の牧草を食べていた時期のミルクなのか、干し草を食べていた時期なのかによって味が違う。チーズは年中同じではないのです。旬のものはだいたい店頭の目立つところにありますし、お店のひとにおすすめを聞いたりして、せっかくなら訪れたその季節に一番おいしいものを味わってほしい。秋ならサン・ネクテールなど私は好きですが、コンテやボーフォールを生のトリュフと一緒に味わうのも、この季節ならではの楽しみです。

続いて魚介類。日本では年中身近な食材のホタテ貝ですが、こちらでは夏が終わる頃からが旬です。「プルミエサンジャック(初ホタテ貝)あります」など、レストランのメニューに登場したりすると季節の変化を実感します。また牡蠣ですが、殻付きの状態で販売されることは日本では珍しいですが、ここでは庶民の手に届くところにあります。

界隈ごとにマルシェの雰囲気やクオリティが違うのもおもしろいところ。例えばここ16区プレジダン・ウィルソンは高級住宅街にあってクオリティも高い。野菜のスター、ティエボーさんのスタンドもあるので、近くの三ツ星シェフたちが買いに来たりもします。一方12区のアリーグルや外国人の多い下町のマルシェにはエキゾチックな空気が。例えば私はシリア産のデーツ(ナツメヤシの実)を探しに行ったりしますが、ちょっと危ない感じのする界隈なので、そんなときはなるべく目立たない格好で出かけます。マレ地区のデ・ザンファン・ルージュもおすすめ。昔ながらのピトレスクなマルシェの風情が感じられるだけでなく、その雰囲気のなかで食事が楽しめる、旅行者にも便利なスポットです。

Marché Président Wilson map-2
マルシェ　プレジダン　ウィルソン

Avenue du Président Wilson 75016 Paris
開催日と時間　水曜と日曜の7:00 ～ 14:30 くらい
※スタンドによって異なる

Miroir de la couleur de saison et de la richesse du terroir

――――― テロワールの四季を感じて

（右上）郊外にある自家農園の季節野菜を商うジョエル・ティエボーさん。

「忘れられた野菜」に再びスポットがあたるきっかけを作るなど、シェフも信頼を寄せる「野菜のカリスマ」的存在
（下中央）新鮮な野菜を味わうのにおすすめのカフェが『Café Pinson（カフェ・パンソン）』。

サラダや搾りたてのジュースをはじめ、ヘルシー志向がコンセプトになっています。

(6 rue du Forez 75003 Paris / 58 rue du Faubourg Poissonnière 75010 Paris)

パリの最旬レストラン事情

流行を超えた「日本」の存在感

今から15年ほど前、私が働いていたパリのレストランで、ある日突然、食事の最後にエスプレッソと一緒に抹茶のマドレーヌを出すようになりました。それはそのレストランのイベントが東京で開催され、パリに戻ってから数日後のことでした。抹茶の香りにお客さんだけでなく、作り手の料理人までが目を輝かせながらうっとりとしていたものです。その当時シェフは、日本に出張し食事をするたびに小さなメモ帳とペンをテーブルの端におき、なにやら単語を書きとっていたのを思い出します。そしてパリに戻ると何かしら新しい料理が生まれるのでした。

そして昨年、偶然このレストランで食事をした時に、抹茶はブレス産の鶏料理のソースの一部に使われていました。15年前には未知の食材だった抹茶は、あれこれ試行錯誤されながら、今ではその特徴や性質をより深く知られるようになったようです。私たち日本人でも思いつかない方法でフランスの食材と素晴らしく融合されている姿に出逢うたびに、パリのレストランが日本の食材と共に進化を遂げていることを実感します。

昨今、パリのレストラン業界では、日本食や日本の食材だけでなく、パリで活躍する日本人シェフの話題で持ちきりです。日本人シェフが手掛ける食材を尊重した繊細な料理は多くの食通を魅了しています。たとえ日本の食材を一切使っていなくても、「これって何か日本ぽいよね……」と思わず口に出してしまうような、それはおそらく、私たち日本人にとっては言葉や文章での説明がなくても分かち合える感覚なのですが、それが料理に込められているからだと思います。日本人ならではの気質が醸し出す特異性はフランス料理が進化する過程においても、いまや欠かすことができない主要な要素として定着しているのです。

「パリで日本の○○が流行っています」と言われるのをよく耳にします。「流行る」という日本語はフランス語では

à la modeと訳されますが、私は個人的にこの表現がふさわしいかどうか疑問に感じています。料理の分野に限らず文化や芸術においても、「日本」はいつの時代でもパリの人たちの興味を引きつけてきましたし、これからもずっと彼らの関心の中心に居続けると思うからです。「日本」の存在は、フランス人のライフスタイルの中では一時的な流行を超え、共に進化発展を続ける存在であるように感じます。

日本の「技」

日本がフランスの料理界に与えている影響はその他にもたくさんあります。日本製の包丁をはじめ、スライサー、魚の骨を抜き取るピンセットやはさみ。星つきレストランの厨房では必ず見かけるものとなりました。また調理方法もその一つ。3つ星レストランのシェフのなかには日本食の料理人から魚の活〆の「技」を学ぶ人もいるほどです。

一方、日本からの逆輸入で成功したパティスリーにシュークリームがあります。もともとシュー・ア・ラ・クレームとしてフランスから日本に入ってきたこのお菓子は、湿気の多い日本ならではの問題を克服するべく、パリッと焼かれたシュー生地に滑らかなクリームをお客さんの手にわたる直前に詰め込む、という製法が生み出されました。クリームの水分を吸ってシュー生地が湿ってしまうこともなく、パリッ、トロッの2つの食感のコントラストを、常に出来立ての状態でお客さんに楽しんでもらうことができるのです。パリ6区の『**ラ・メゾン・デュ・シュー（La Maison Du Chou）**』（P78）はまさにこのおいしさの「技」をパリの人々に伝えているお店といえるでしょう。

健康志向とグルメ通り

ビオ（Bio）という単語が巷に現れ始めたのは15年ほど前のことだったと記憶しています。ビオはオーガニックのこと。「アメリカではオーガニックは流行っているかもしれないが、この国ではどうだろう?」。当時、周囲のフランス人のなかでビオの普及を確信している人は誰ひとりとしていませんでした。しかしパリの現在の食において、ビオは必要不可欠なものになっています。特にビオの野菜や果物の消費は急速に増え、インターネットで取り寄せる家庭も増加しています。数年前に私がコンサルタントをしていた老舗デパートの食品売り場でも、オーガニック食品のコーナーがあってよく売れていました。日本ではそれほどなじみがないかもしれませんが、オーガニックの海老や牛肉、鶏肉などは人気でした。そのデパート内にオープンした期間限定のレストランでは、一つでも多くのオーガニック食材を使ってメニューを考案したりしました。現在ではオーガニックに加え、グルテン・フリーの食材が多く出回り、特に女性たちから注目を集めています。

　パリ市内中心部レ・アルの北に位置するニル通り（rue du Nil）にある食材店『**テロワール・ダヴニール（Terroir d'Avenir）**』（P80）の成功は、このような健康志向の人々から強い支持を得ている結果と言えるでしょう。国家認定のオーガニック食品につけられるロゴマーク「ABマーク」は表示されていないものの、小規模生産者たちの、おいしくて体に良い無農薬などの食材ばかりを集めたお店です。ABマークの商品より価格が低いことも人気の一つです。この『テロワール・ダヴニール』の食材を料理で楽しめるのが同じ通りにある『**フレンシー（Frenchie）**』（2区☎+33・（0）1・40・39・96・19）。毎朝、新鮮で清らかな野菜がケースに入って積まれている光景が印象的です。あまりの人気に、シャルキュトリーやシンプルな料理をつまみながらお酒を楽しめるワイン・バーを向かいにオープン。さらにイギリスで働いた経験を持つシェフは、『フレンシー』のすぐ近くにイート・インスペースのあるテイクアウト専門『**フレンシーズ・トゥー・ゴー（Frenchie to go）**』（2区☎+33・（0）1・40・26・23・43）というお店も開店しました。この「ニル通り」はまさに〝旬のグルメ通り〟。お昼時は近所で働くパリジャンたちで大賑わい。ビール片手にアングロ・サクソン系のサンドイッチ、ルーベンス・サンドイッチをほおばる姿をよく見かけます。パリのサンドイッチというと、しっかりした歯ごたえのバゲットにハムやチーズ、というイメージですが、今の時代、特に若者の世代にとっては、バゲットより柔らかめのパンを使ったルーベンス・サンドイッチの方が好まれる傾向にあります。エスプレッソを飲む若者の数も減ってきていたりと、フランス人の食べ物の嗜好も世代によって変化しているようです。

注目のグルメ通りとしてもうひとつ、6区にあるリュ・ドゥ・バック（rue de Bac）があります。サン・ジェルマン・デプレから老舗百貨店ボン・マルシェに通じる道なのですが、「スイーツ通り」と呼ぶのがふさわしいかもしれません。老舗のパティスリーや有名ショコラティエ、新生スターパティシエのお店などが数年前から次々と立ち並ぶようになりました。競合しないのか少し心配になるくらいですが、パティスリーのジャンルは様々。ヴァリエーション豊かなので、何度通っても毎回新しいスイーツに出逢えるという楽しいスポットです。

グルメの「原点」

また、パリにはグルメの「原点」とも呼びたくなる通りがあります。ナポレオンが眠るアンヴァリッド近くから西に長く伸びる、サン・ドミニク通り（rue Saint-Dominique）。私がよく買い物に行く青果店『**アリ・コヴェール（Harry Cover）**』（7区☎+33・（0）1・47・05・19・13）もあります。鮮度とクオリティの高さが魅力のお店で、出張料理をしていた頃はお客さんから食材の購入先として指定されるほどのお店でした。またパン屋さんも多くあるほか、日本でも流行したボルドーのお菓子カヌレの専門店や老舗パティスリー、そして世界的に有名なショコラティエもあります。私が学生だった頃、この界隈に来るたびに「近くに住めたら日常の食卓がさぞ豊かになることだろう……」と憧れたものでした。

また評判のレストランが多くあることでも有名です。コンコルド広場に面したパラス、オテル・ドゥ・クリヨンの料理長だったクリスチャン・コンスタン氏が、もっと気楽に楽しめるレストランやビストロを開きたいとご自身のお店を数軒オープンさせたのもこの通りです。どのお店も料理のおいしさに定評がありますが、そのうちの一つが『**カフェ・コンスタン（Café Constant）**』（7区☎+33・（0）1・47・53・73・34）。早朝からおいしいビストロ料理が食べられる場所としても知られ、地元の人たちの日常生活を深く支えている様子がうかがわれます。また数年前からは同じくオテル・ドゥ・クリヨンの元総料理長の肩書を持つジャン-フランソワ・ピエージュ氏が、この通りの老舗『**オ**

テル・トゥーミュー（Hôtel Thoumieux）』（P18）をブラッスリーと共にリニューアルし話題になりました。また昨年その斜《はす》前に開いたパティスリーのお店もパリジャンに好評のようです。

周辺には地方料理の人気ビストロもあります。特にバスク料理のお店はその親しみやすさと陽気な雰囲気で常に人気を集めています。太陽の光をたくさん浴びた食材は、都会生活に少し疲れたパリの人々にエネルギーをあたえるのかもしれません。なかでも注目なのが『**ポトカ（Pottoka）**』（7区☎+33・(0)1・45・51・88・38）。週末営業をしていることもあり、子供と一緒に家族でわいわい楽しむ様子が見られます。手頃な価格に加え、お皿の中には他店には見られない独自のクリエイティブさもあることが人気の理由です。ワインもよいのですが、バスク地方のビールと一緒に料理を楽しむのもおすすめです。日本では味わうことのできないビールのおいしさに感動することでしょう。

「ビストロノミー」の出現

このように様々な地方料理をビストロなどで手軽に楽しめるのも醍醐味のひとつです。そのクオリティはひと昔前に比べると格段に高くなっています。その背景には有名シェフのもとで修業した若い料理人たちが独立して自分自身の店をパリで開くとき、ビストロから始める傾向があるからです。ヨーロッパの経済状況についてあまり朗報を聞かないこのご時世、いきなりガストロミーのレストランを開くよりは、こぢんまりとしたビストロからスタートする料理人が多いわけです。使う食材も高価なものばかりを扱うわけにはいきません。しかし、修行中に学んだ高度なテクニックを駆使して、星つきレストラン顔負けの繊細な料理を出すことができます。このようにして現れたのが、「ビストロノミー」。ビストロとガストロノミーが一体になった、今の時代の潮流をひとことで表した単語です。この単語をお店の名前にしたビストロ『**レ・ビストローム（Les Bistronomes）**』（1区☎+33・(0)1・42・60・59・66）はその代表格。世界中のグルマンでありグルメな人々から絶大な人気を得ているお店のひとつです。

パリの美味MAP

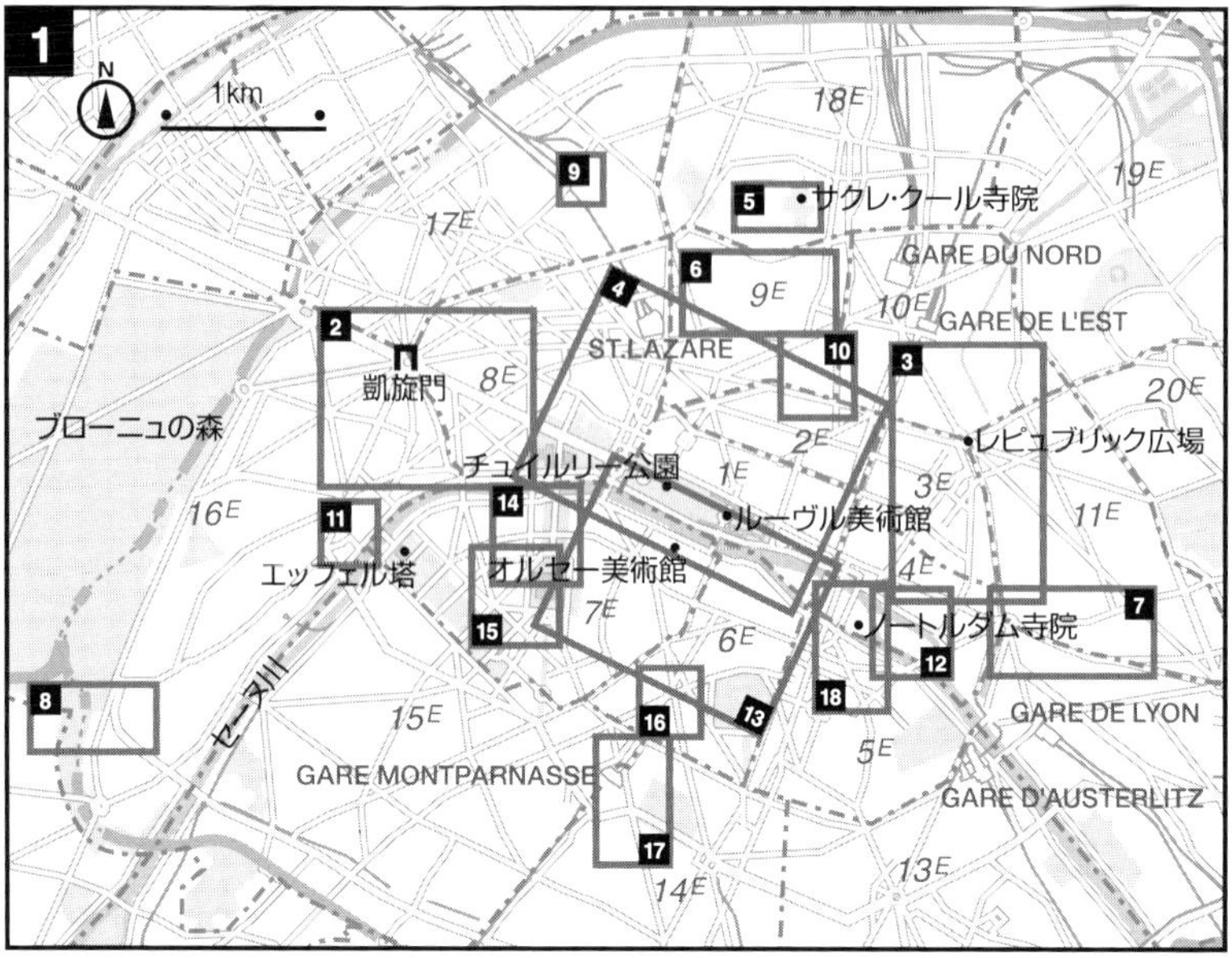
1
N
1km
18E
19E
17E
9E
10E
20E
8E
2E
1E
3E
11E
16E
4E
7E
6E
5E
15E
13E
14E
サクレ・クール寺院
GARE DU NORD
GARE DE L'EST
ST.LAZARE
凱旋門
ブローニュの森
レピュブリック広場
チュイルリー公園
ルーヴル美術館
エッフェル塔
オルセー美術館
ノートルダム寺院
GARE DE LYON
セーヌ川
GARE MONTPARNASSE
GARE D'AUSTERLITZ
1
2
3
4
5
6
7
8
9
10
11
12
13
14
15
16
17
18

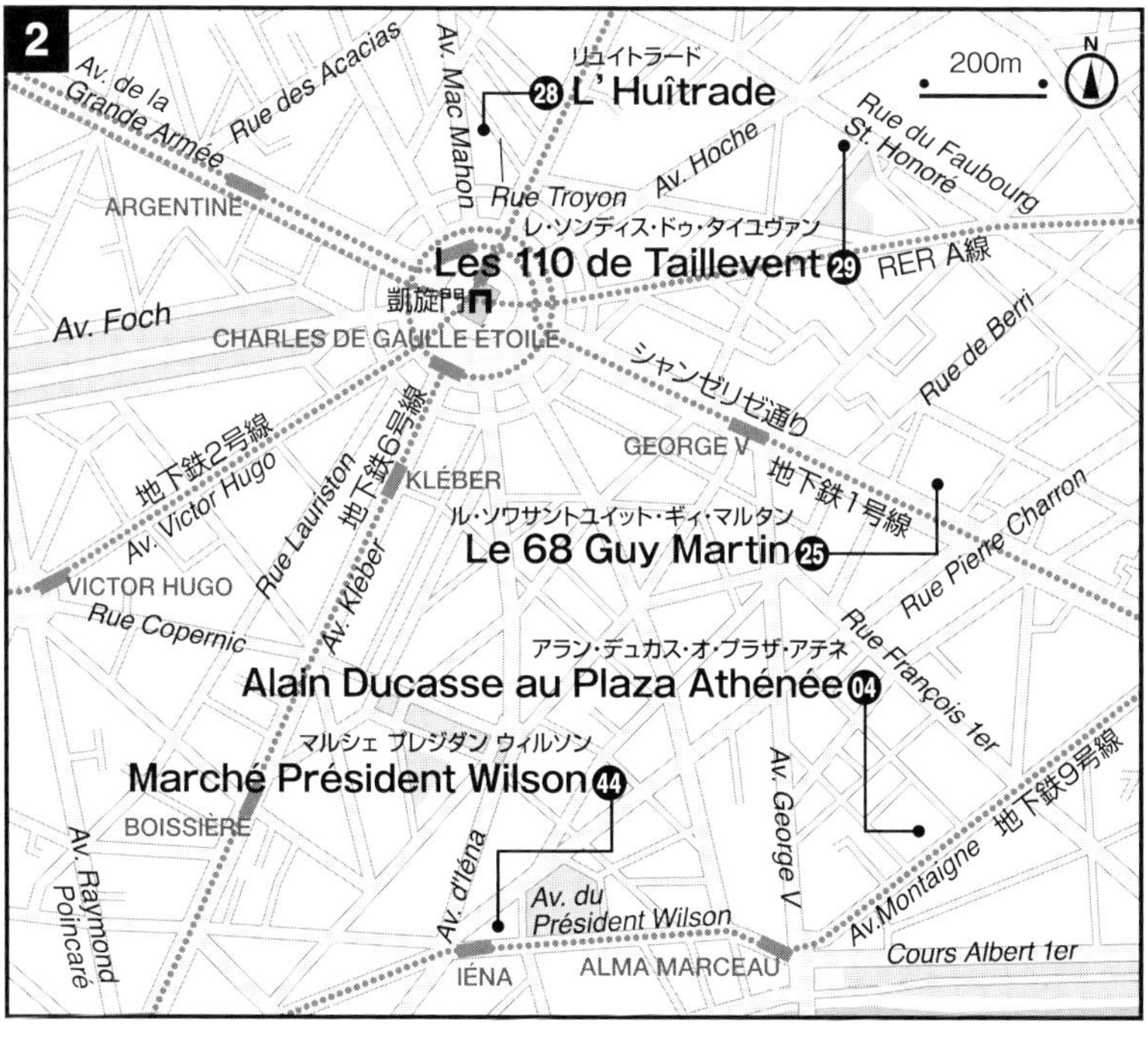
2
200m
N
Av. de la Grande Armée
Rue des Acacias
Av. Mac Mahon
28 L' Huîtrade《リュイトラード》
Rue Troyon
Av. Hoche
Rue du Faubourg St. Honoré
ARGENTINE
29 Les 110 de Taillevent《レ・ソンディス・ドゥ・タイユヴァン》
RER A線
凱旋門
Av. Foch
CHARLES DE GAULLE ETOILE
シャンゼリゼ通り
Rue de Berri
地下鉄2号線
地下鉄6号線
Av. Victor Hugo
Rue Lauriston
KLÉBER
GEORGE V
地下鉄1号線
25 Le 68 Guy Martin《ル・ソワサントユイット・ギィ・マルタン》
Rue Pierre Charron
VICTOR HUGO
Av. Kléber
Rue Copernic
04 Alain Ducasse au Plaza Athénée《アラン・デュカス・オ・プラザ・アテネ》
Rue François 1er
44 Marché Président Wilson《マルシェ プレジダン ウィルソン》
BOISSIÈRE
Av. George V
地下鉄9号線
Av. Raymond Poincaré
Av. d'Iéna
Av. du Président Wilson
Av. Montaigne
Cours Albert 1er
IÉNA
ALMA MARCEAU

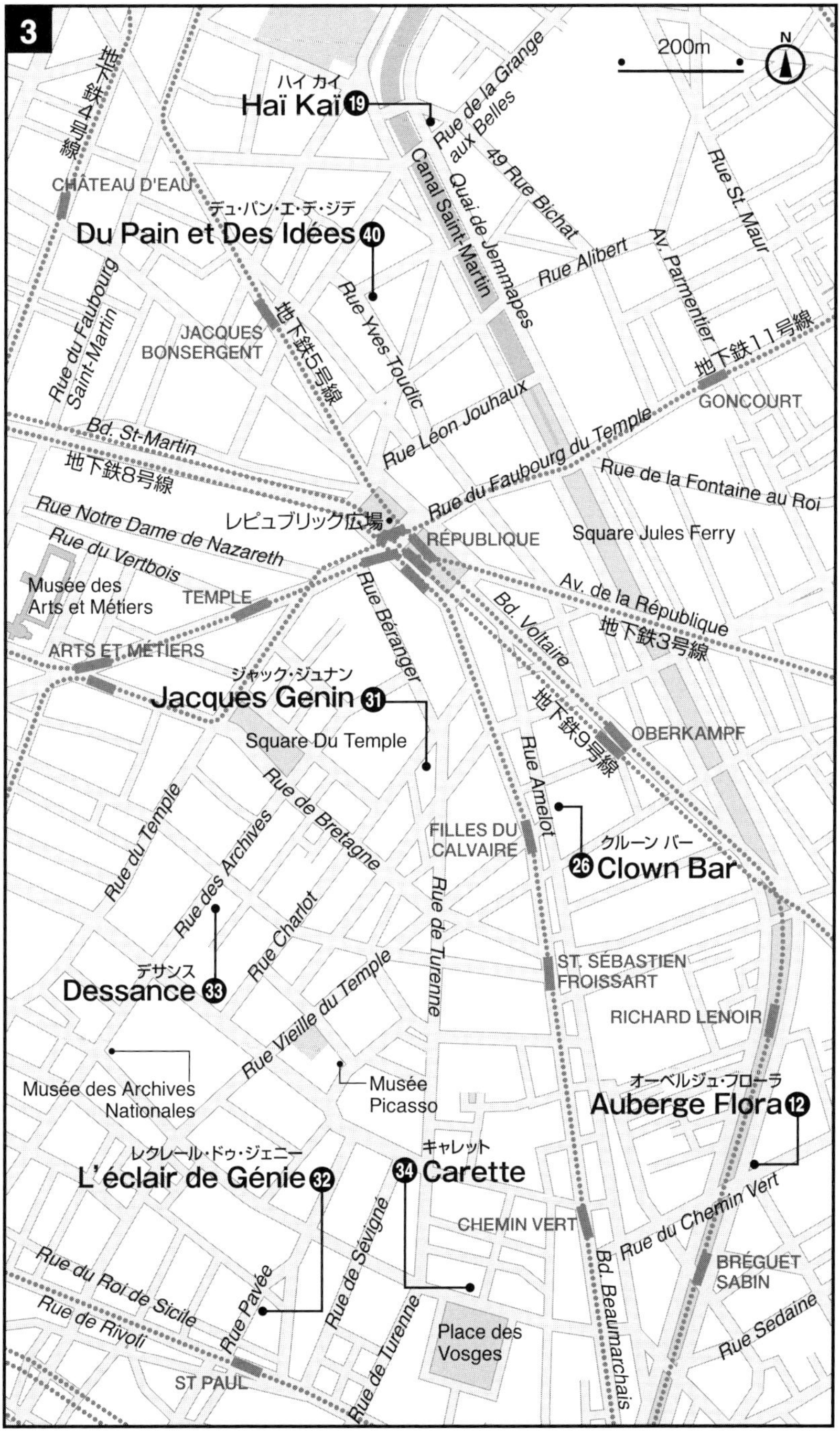
3
200m
N
Haï Kaï《ハイ カイ》 19
Rue de la Grange aux Belles
Canal Saint-Martin
Quai de Jemmapes
49 Rue Bichat
Rue St. Maur
地下鉄4号線
CHÂTEAU D'EAU
Du Pain et Des Idées《デュ・パン・エ・デ・ジデ》 40
Rue Alibert
Av. Parmentier
Rue Yves Toudic
地下鉄5号線
JACQUES BONSERGENT
Rue du Faubourg Saint-Martin
地下鉄11号線
GONCOURT
Rue Léon Jouhaux
Bd. St-Martin
地下鉄8号線
Rue du Faubourg du Temple
Rue de la Fontaine au Roi
Rue Notre Dame de Nazareth
レピュブリック広場
RÉPUBLIQUE
Square Jules Ferry
Rue du Vertbois
Musée des Arts et Métiers
TEMPLE
Rue Béranger
Bd. Voltaire
Av. de la République
地下鉄3号線
ARTS ET MÉTIERS
Jacques Genin《ジャック・ジュナン》 31
地下鉄9号線
OBERKAMPF
Square Du Temple
Rue Amelot
Rue de Bretagne
Rue du Temple
Rue des Archives
FILLES DU CALVAIRE
Clown Bar《クルーン バー》 26
Rue de Turenne
Rue Charlot
ST. SÉBASTIEN FROISSART
Dessance《デサンス》 33
Rue Vieille du Temple
RICHARD LENOIR
Musée des Archives Nationales
Musée Picasso
Auberge Flora《オーベルジュ・フローラ》 12
Carette《キャレット》 34
L'éclair de Génie《レクレール・ドゥ・ジェニー》 32
CHEMIN VERT
Rue du Chemin Vert
Rue Pavée
Rue de Sévigné
Bd. Beaumarchais
BRÉGUET SABIN
Rue du Roi de Sicile
Rue de Rivoli
Rue de Turenne
Place des Vosges
Rue Sedaine
ST PAUL

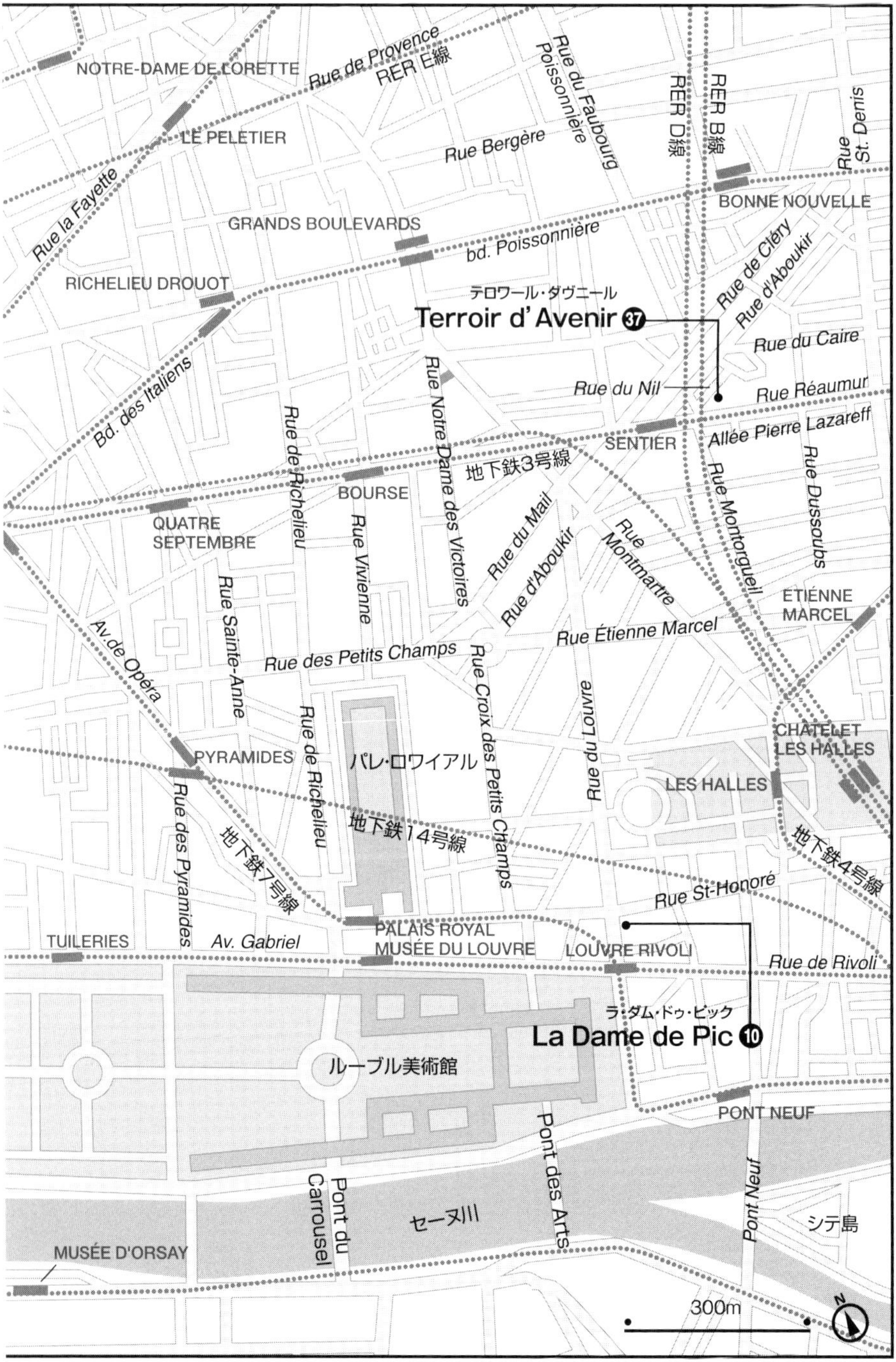
NOTRE-DAME DE LORETTE
Rue de Provence
RER E線
Rue du Faubourg Poissonnière
RER D線
RER B線
Rue St. Denis
LE PELETIER
Rue Bergère
Rue la Fayette
BONNE NOUVELLE
GRANDS BOULEVARDS
bd. Poissonnière
RICHELIEU DROUOT
Rue de Cléry
Rue d'Aboukir
Terroir d'Avenir《テロワール・ダヴニール》 37
Rue du Caire
Bd. des Italiens
Rue Notre Dame des Victoires
Rue du Nil
Rue Réaumur
Allée Pierre Lazareff
SENTIER
Rue de Richelieu
地下鉄3号線
Rue Montorgueil
Rue Dussoubs
BOURSE
QUATRE SEPTEMBRE
Rue Vivienne
Rue du Mail
Rue d'Aboukir
Rue Montmartre
Rue Sainte-Anne
ETIÉNNE MARCEL
Av.de Opéra
Rue Étienne Marcel
Rue des Petits Champs
Rue Croix des Petits Champs
Rue du Louvre
Rue de Richelieu
CHATELET LES HALLES
PYRAMIDES
パレ・ロワイアル
LES HALLES
Rue des Pyramides
地下鉄7号線
地下鉄14号線
地下鉄4号線
Rue St-Honoré
TUILERIES
Av. Gabriel
PALAIS ROYAL MUSÉE DU LOUVRE
LOUVRE RIVOLI
Rue de Rivoli
La Dame de Pic《ラ・ダム・ドゥ・ピック》 10
ルーブル美術館
PONT NEUF
Pont des Arts
Pont du Carrousel
Pont Neuf
セーヌ川
シテ島
MUSÉE D'ORSAY
300m
N

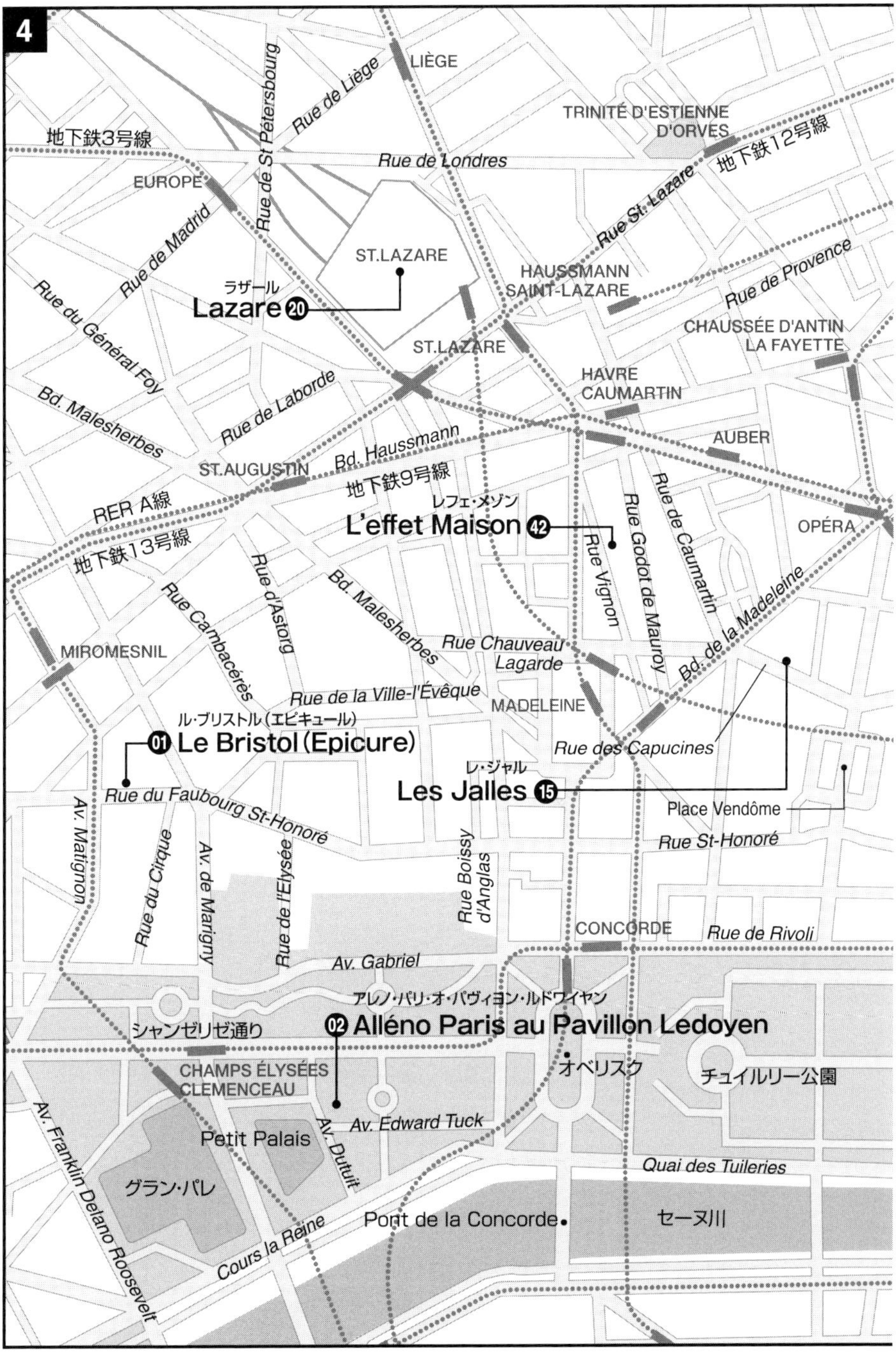
4
LIÈGE
Rue de Liège
Rue de St Pétersbourg
TRINITÉ D'ESTIENNE D'ORVES
地下鉄3号線
地下鉄12号線
Rue de Londres
EUROPE
Rue St. Lazare
Rue de Madrid
ST.LAZARE
Lazare《ラザール》 20
HAUSSMANN SAINT-LAZARE
Rue de Provence
Rue du Général Foy
CHAUSSÉE D'ANTIN LA FAYETTE
ST.LAZARE
HAVRE CAUMARTIN
Rue de Laborde
Bd. Malesherbes
AUBER
Bd. Haussmann
ST.AUGUSTIN
地下鉄9号線
RER A線
L'effet Maison《レフェ・メゾン》 42
OPÉRA
地下鉄13号線
Rue Godot de Mauroy
Rue de Caumartin
Rue Vignon
Rue d'Astorg
Bd. Malesherbes
Rue Cambacérès
Bd. de la Madeleine
MIROMESNIL
Rue Chauveau Lagarde
Rue de la Ville-l'Évêque
MADELEINE
01 Le Bristol（Epicure）《ル・ブリストル（エピキュール）》
Rue des Capucines
Les Jalles《レ・ジャル》 15
Rue du Faubourg St-Honoré
Place Vendôme
Rue St-Honoré
Av. Matignon
Rue du Cirque
Av. de Marigny
Rue de l'Elysée
Rue Boissy d'Anglas
CONCORDE
Rue de Rivoli
Av. Gabriel
02 Alléno Paris au Pavillon Ledoyen《アレノ・パリ・オ・パヴィヨン・ルドワイヤン》
シャンゼリゼ通り
CHAMPS ÉLYSÉES CLEMENCEAU
オベリスク
チュイルリー公園
Av. Edward Tuck
Petit Palais
Av. Dutuit
Quai des Tuileries
グラン・パレ
Av. Franklin Delano Roosevelt
Cours la Reine
Pont de la Concorde
セーヌ川

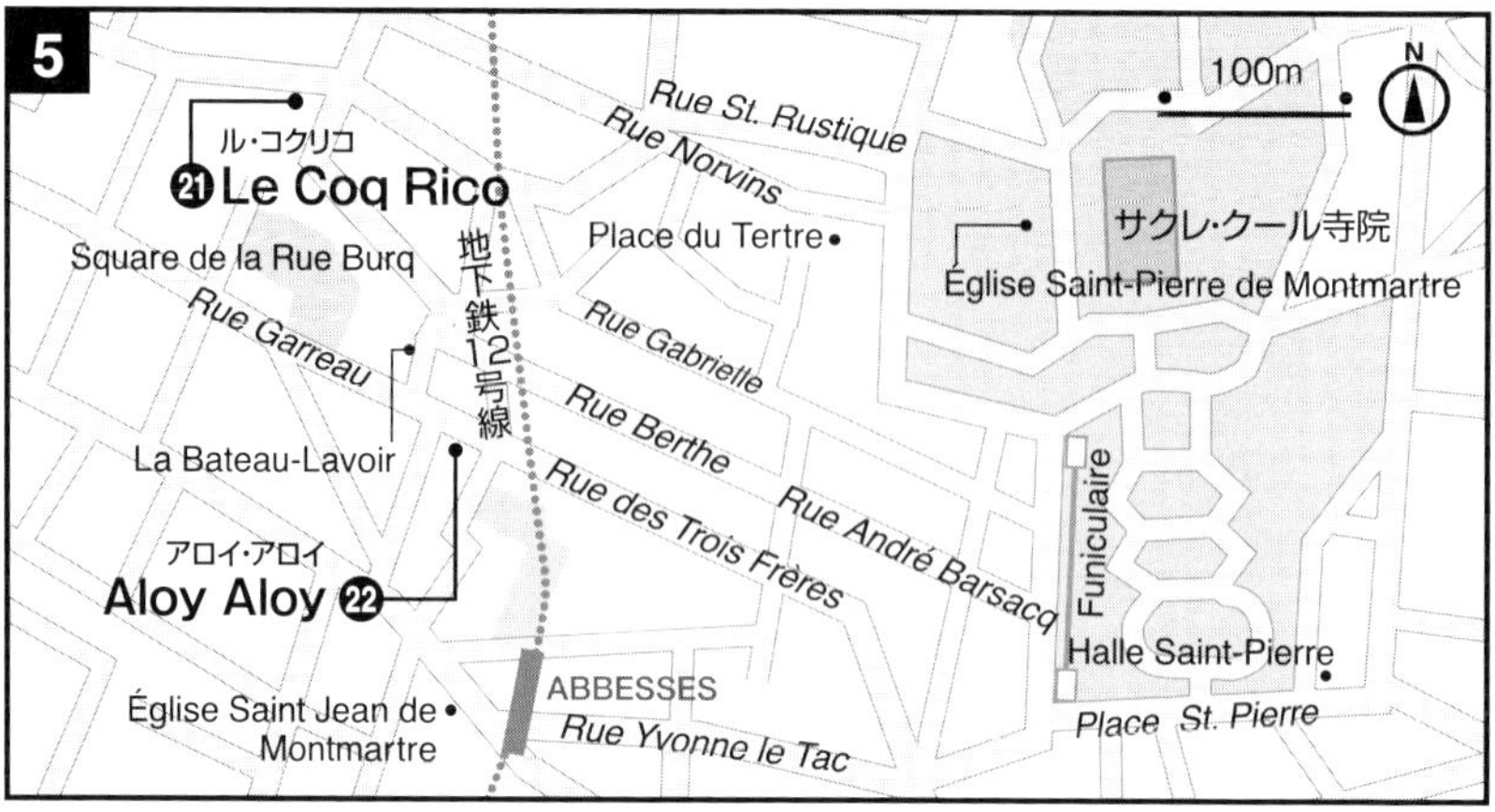
5
100m
N
Rue St. Rustique
Rue Norvins
21 Le Coq Rico《ル・コクリコ》
Place du Tertre
サクレ・クール寺院
Église Saint-Pierre de Montmartre
Square de la Rue Burq
地下鉄12号線
Rue Garreau
Rue Gabrielle
Rue Berthe
La Bateau-Lavoir
Rue des Trois Frères
Rue André Barsacq
Funiculaire
Aloy Aloy《アロイ・アロイ》 22
Halle Saint-Pierre
ABBESSES
Église Saint Jean de Montmartre
Rue Yvonne le Tac
Place St. Pierre

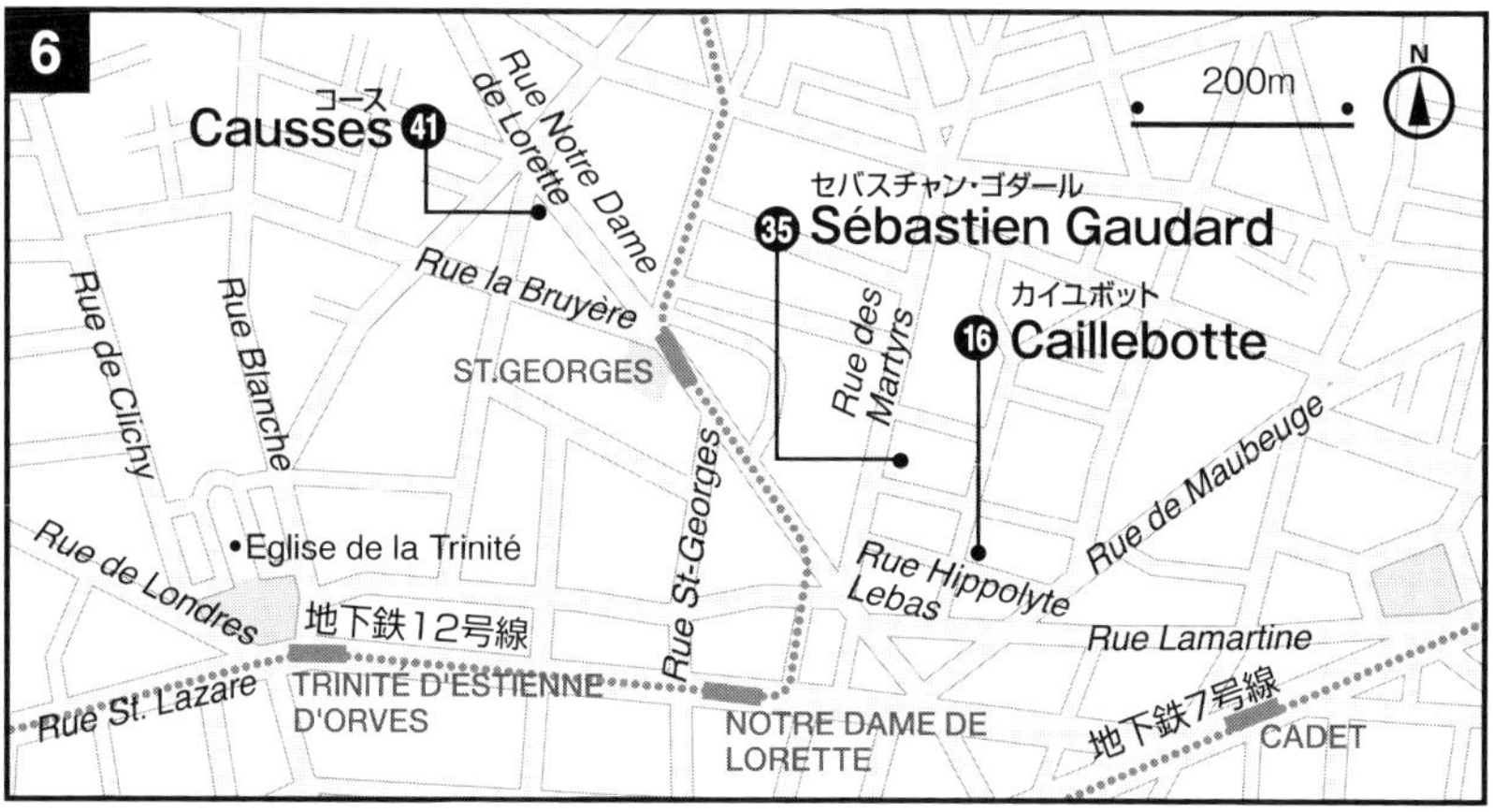
6
Causses《コース》 41
Rue Notre Dame de Lorette
200m
N
35 Sébastien Gaudard《セバスチャン・ゴダール》
16 Caillebotte《カイユボット》
Rue la Bruyère
Rue de Clichy
Rue Blanche
ST.GEORGES
Rue des Martyrs
Rue St-Georges
Rue de Maubeuge
Eglise de la Trinité
Rue de Londres
地下鉄12号線
Rue Hippolyte Lebas
Rue Lamartine
Rue St. Lazare
TRINITE D'ESTIENNE D'ORVES
NOTRE DAME DE LORETTE
地下鉄7号線
CADET

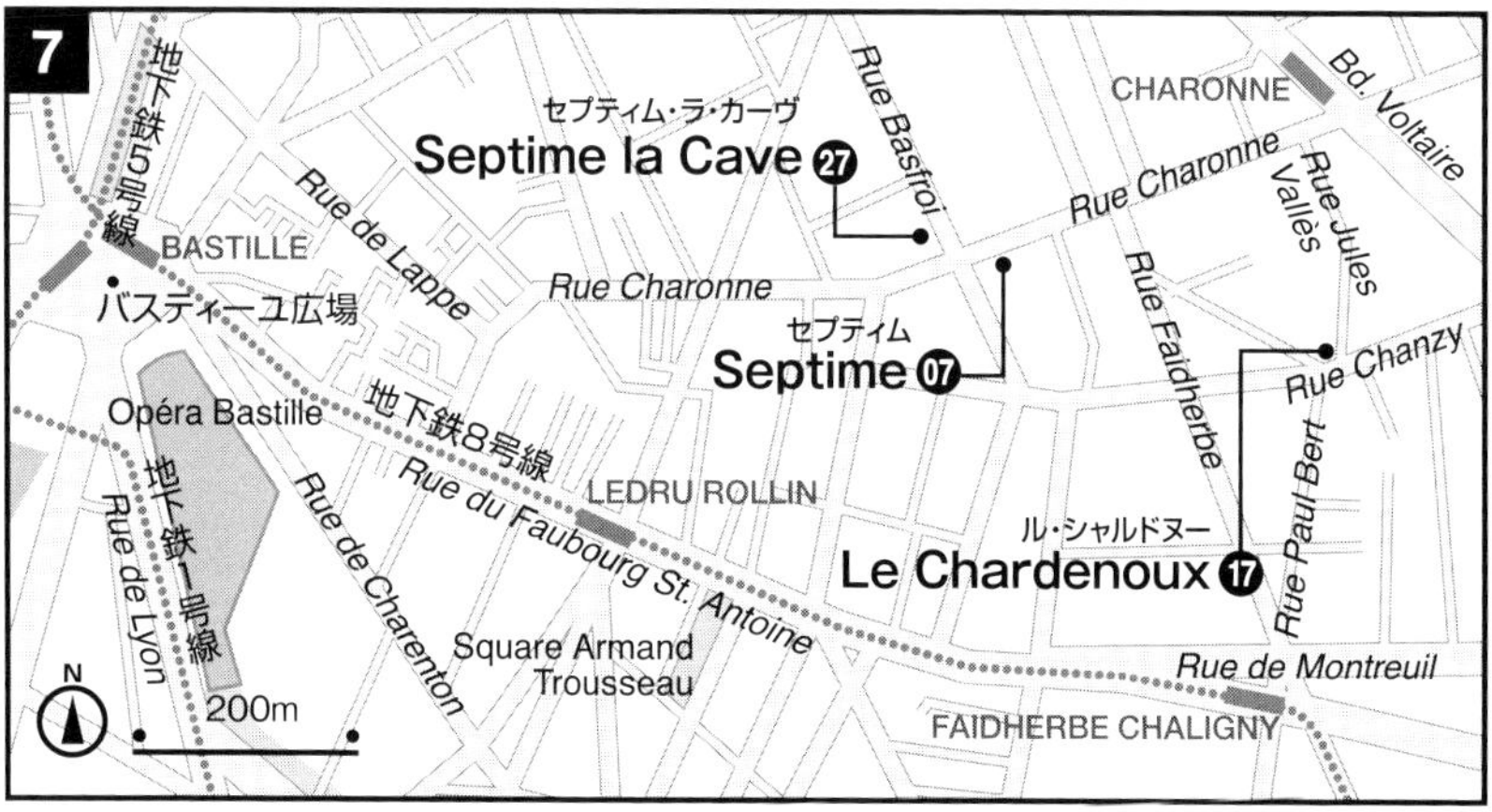
7
地下鉄5号線
Rue Basfroi
CHARONNE
Bd. Voltaire
Septime la Cave《セプティム・ラ・カーヴ》 27
Rue de Lappe
Rue Charonne
Rue Jules Vallès
BASTILLE
Rue Charonne
Rue Faidherbe
バスティーユ広場
Septime《セプティム》 07
Rue Chanzy
Opéra Bastille
地下鉄8号線
Rue du Faubourg St. Antoine
LEDRU ROLLIN
Rue Paul-Bert
地下鉄1号線
Rue de Lyon
Rue de Charenton
Le Chardenoux《ル・シャルドヌー》 17
Square Armand Trousseau
Rue de Montreuil
N
200m
FAIDHERBE CHALIGNY

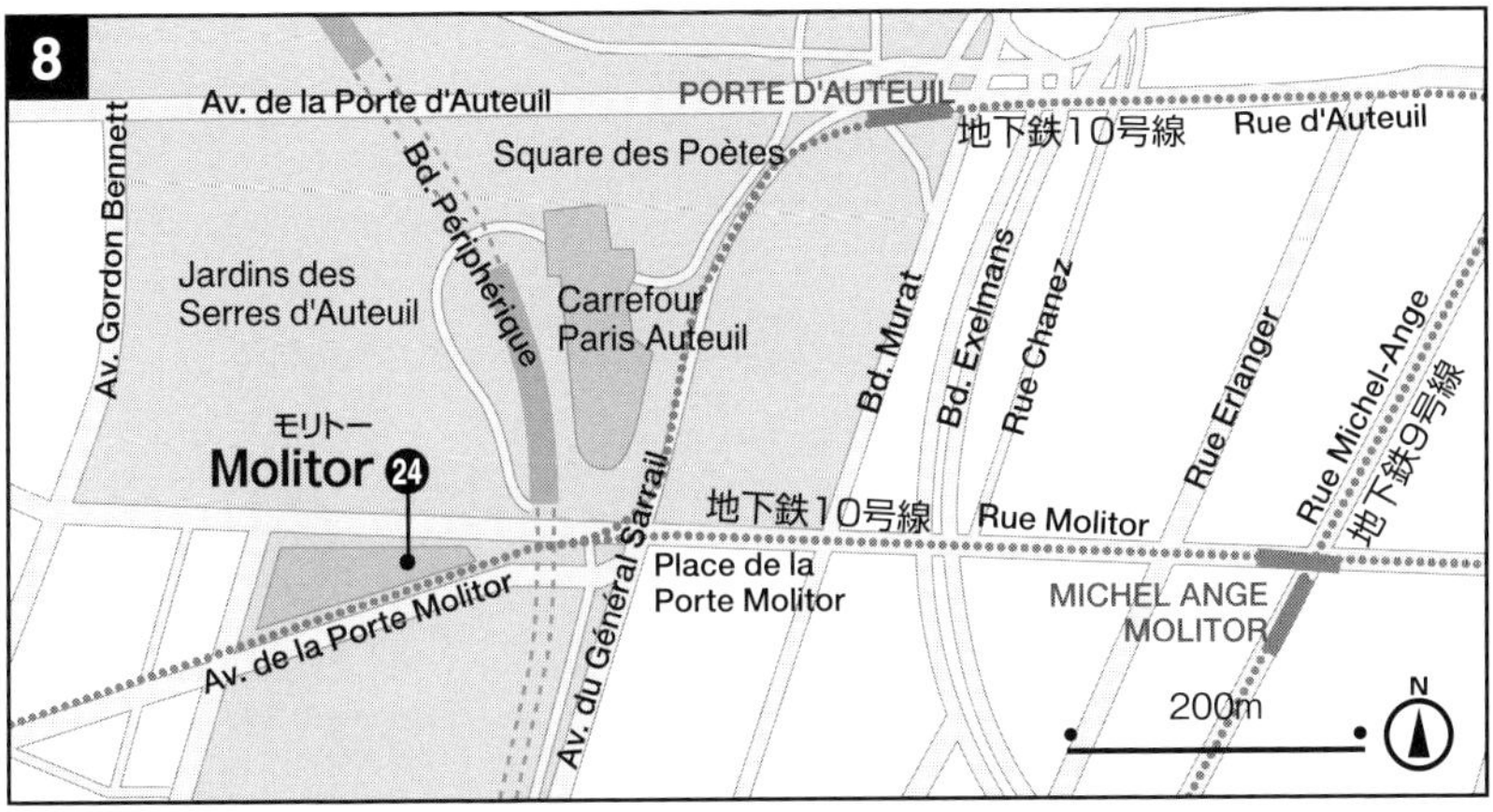
8
Av. de la Porte d'Auteuil
PORTE D'AUTEUIL
地下鉄10号線
Rue d'Auteuil
Square des Poètes
Av. Gordon Bennett
Bd. Périphérique
Jardins des
Serres d'Auteuil
Carrefour
Paris Auteuil
Bd. Murat
Bd. Exelmans
Rue Chanez
Rue Erlanger
Rue Michel-Ange
地下鉄9号線
Molitor《モリトー》 24
Av. du Général Sarrail
地下鉄10号線
Rue Molitor
Place de la
Porte Molitor
Av. de la Porte Molitor
MICHEL ANGE
MOLITOR
200m
N

10
地下鉄7号線
CADET
100m
N
Rue la
Fayette
18 La Régalade《ラ・レガラード》
RER E線
Rue du
Conservatoire
Rue St-Cécile
Rue Bergère
Rue du Faubourg
Poissonnière
RER D線
RER B線
GRANDS BOULEVARDS
地下鉄9号線
Bd. Poissonnière
地下鉄8号線
BONNE NOUVELLE

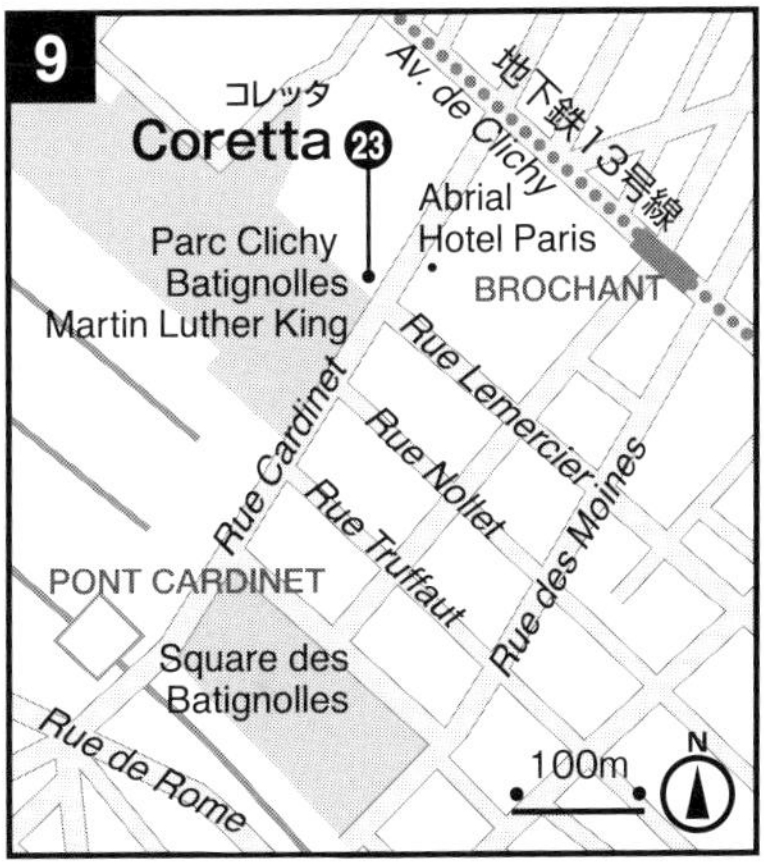
9
Coretta《コレッタ》 23
Av. de Clichy
地下鉄13号線
Abrial
Hotel Paris
Parc Clichy
Batignolles
Martin Luther King
BROCHANT
Rue Lemercier
Rue Nollet
Rue Cardinet
Rue Truffaut
Rue des Moines
PONT CARDINET
Square des
Batignolles
Rue de Rome
100m
N

12
N
100m
ST PAUL
地下鉄1号線
RER A線
Pont Louis Philippe
PONT MARIE
セーヌ川
RER D線
Pont Marie
地下鉄14号線
地下鉄7号線
Rue Saint-Louis en l'Île
サン・ルイ島
SULLY
MORLAND
11 Le Sergent Recruteur《ル・セルジョン・ルクリュトゥール》
Bd. Henri IV

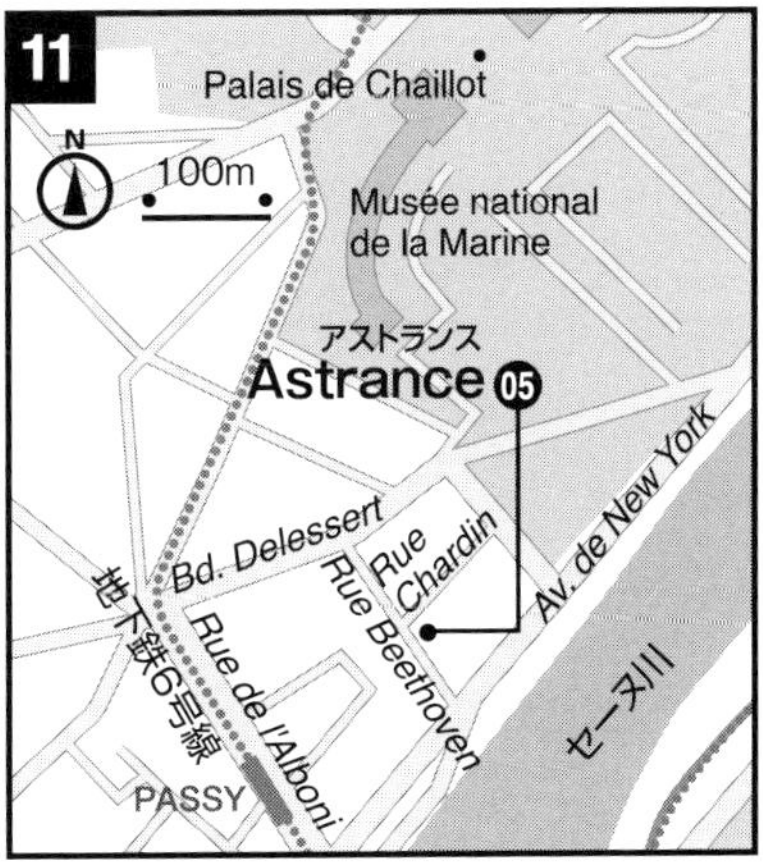
11
Palais de Chaillot
N
100m
Musée national
de la Marine
Astrance《アストランス》 05
Bd. Delessert
Rue
Chardin
Rue Beethoven
Av. de New York
地下鉄6号線
Rue de l'Alboni
セーヌ川
PASSY

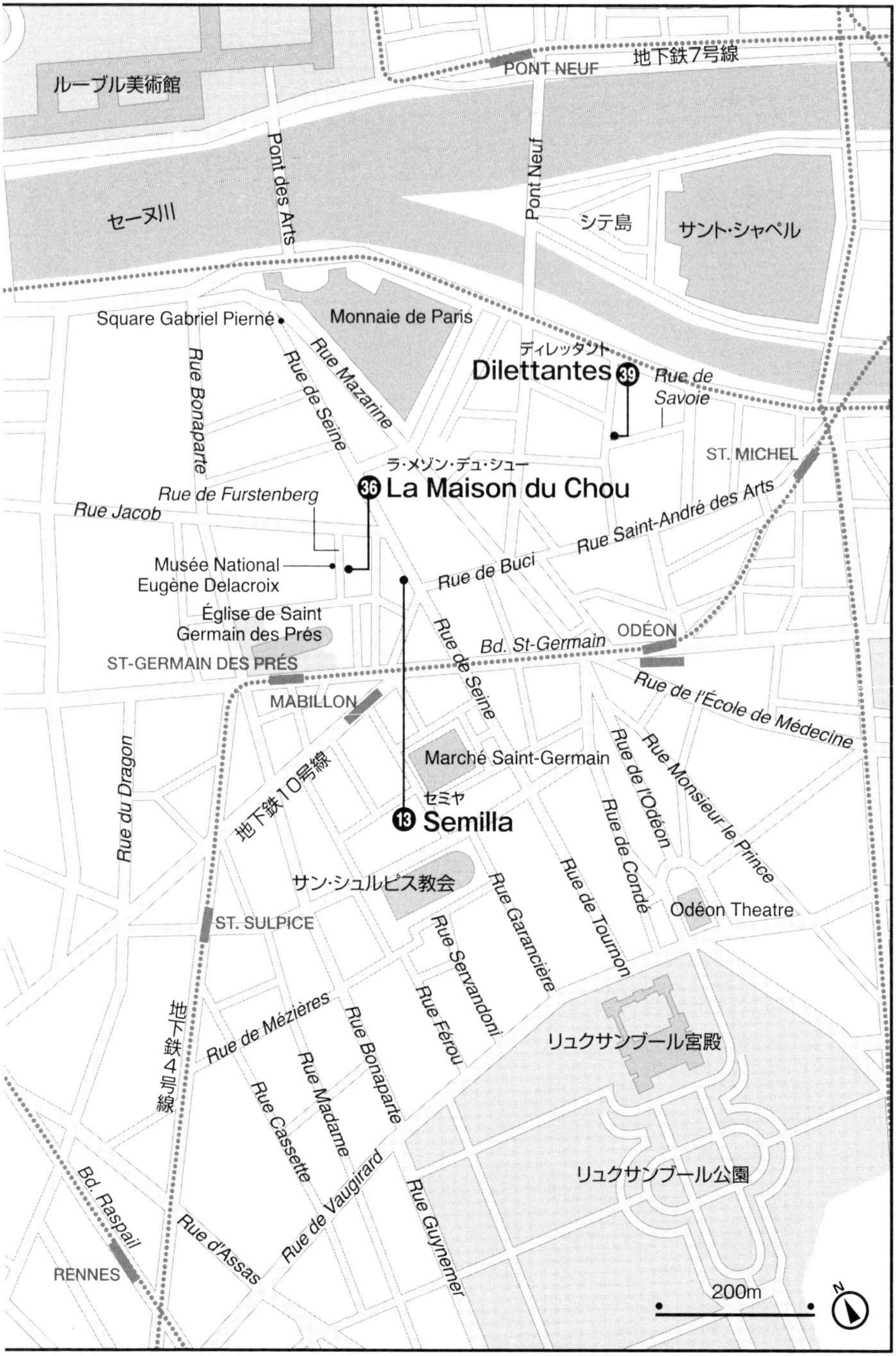

ルーブル美術館
PONT NEUF
地下鉄7号線
Pont des Arts
Pont Neuf
セーヌ川
シテ島
サント・シャペル
Square Gabriel Pierné
Monnaie de Paris
Dilettantes《ディレッタント》 39
Rue de Savoie
Rue Bonaparte
Rue de Seine
Rue Mazarine
ST. MICHEL
36 La Maison du Chou《ラ・メゾン・デュ・シュー》
Rue de Furstenberg
Rue Jacob
Rue Saint-André des Arts
Rue de Buci
Musée National
Eugène Delacroix
Église de Saint
Germain des Prés
ODÉON
Bd. St-Germain
ST-GERMAIN DES PRÉS
MABILLON
Rue de Seine
Rue de l'École de Médecine
Marché Saint-Germain
Rue du Dragon
地下鉄10号線
13 Semilla《セミヤ》
Rue de l'Odéon
Rue Monsieur le Prince
Rue de Condé
Rue de Tournon
サン・シュルピス教会
Rue Garancière
Odéon Theatre
ST. SULPICE
Rue Servandoni
Rue Férou
地下鉄4号線
Rue de Mézières
Rue Bonaparte
Rue Madame
Rue Cassette
リュクサンブール宮殿
リュクサンブール公園
Rue de Vaugirard
Rue Guynemer
Bd. Raspail
Rue d'Assas
RENNES
200m
N

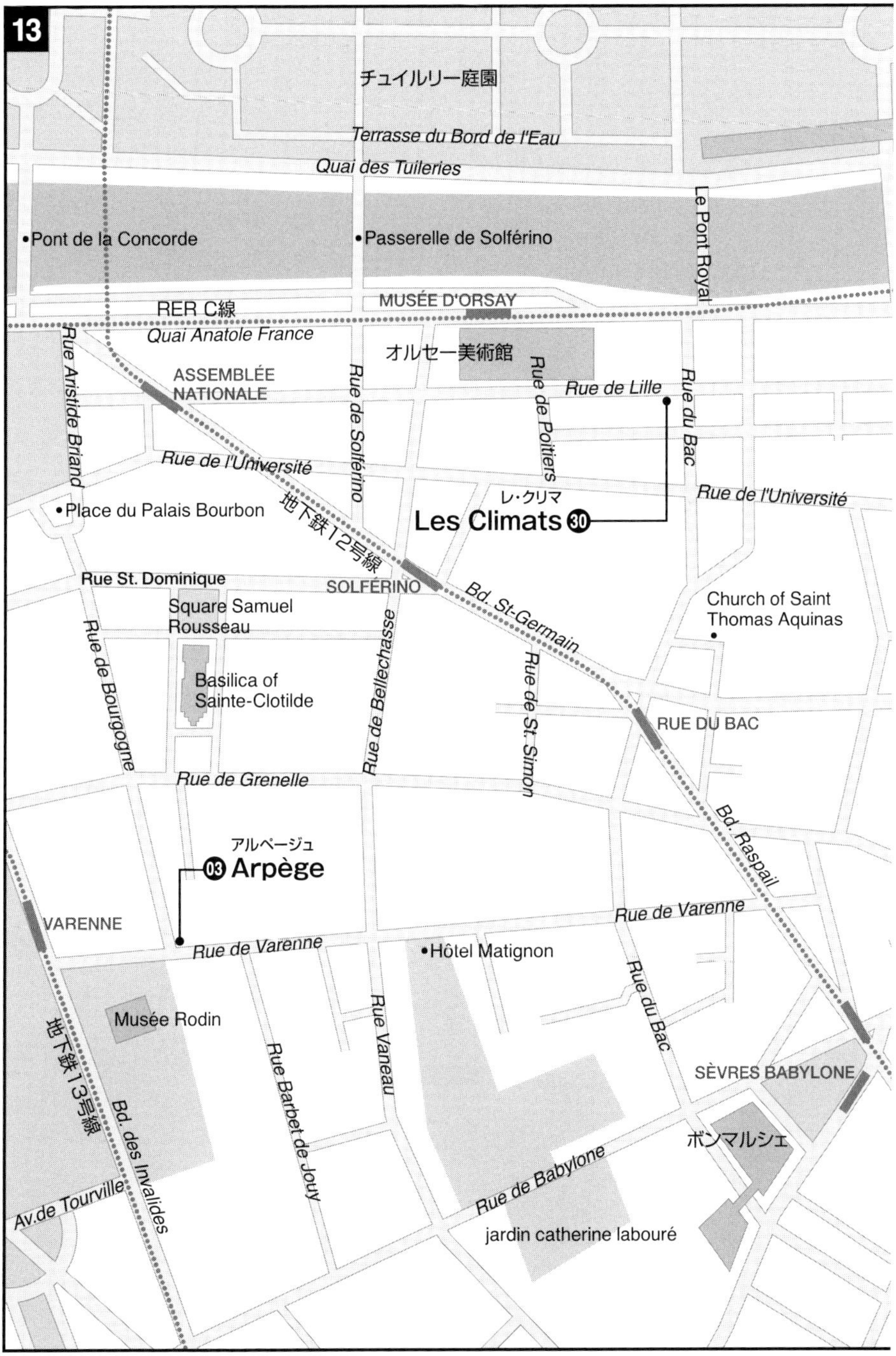
13
チュイルリー庭園
Terrasse du Bord de l'Eau
Quai des Tuileries
Pont de la Concorde
Passerelle de Solférino
Le Pont Royal
MUSÉE D'ORSAY
RER C線
Quai Anatole France
オルセー美術館
ASSEMBLÉE NATIONALE
Rue Aristide Briand
Rue de Solférino
Rue de Poitiers
Rue de Lille
Rue du Bac
Rue de l'Université
Rue de l'Université
Place du Palais Bourbon
地下鉄12号線
Les Climats《レ・クリマ》 30
Rue St. Dominique
SOLFÉRINO
Bd. St-Germain
Square Samuel Rousseau
Church of Saint Thomas Aquinas
Rue de Bourgogne
Basilica of Sainte-Clotilde
Rue de Bellechasse
Rue de St. Simon
RUE DU BAC
Rue de Grenelle
Bd. Raspail
03 Arpège《アルページュ》
VARENNE
Rue de Varenne
Rue de Varenne
Hôtel Matignon
Musée Rodin
地下鉄13号線
Rue Vaneau
Rue Barbet de Jouy
Rue du Bac
SÈVRES BABYLONE
ボンマルシェ
Bd. des Invalides
Av.de Tourville
Rue de Babylone
jardin catherine labouré

17

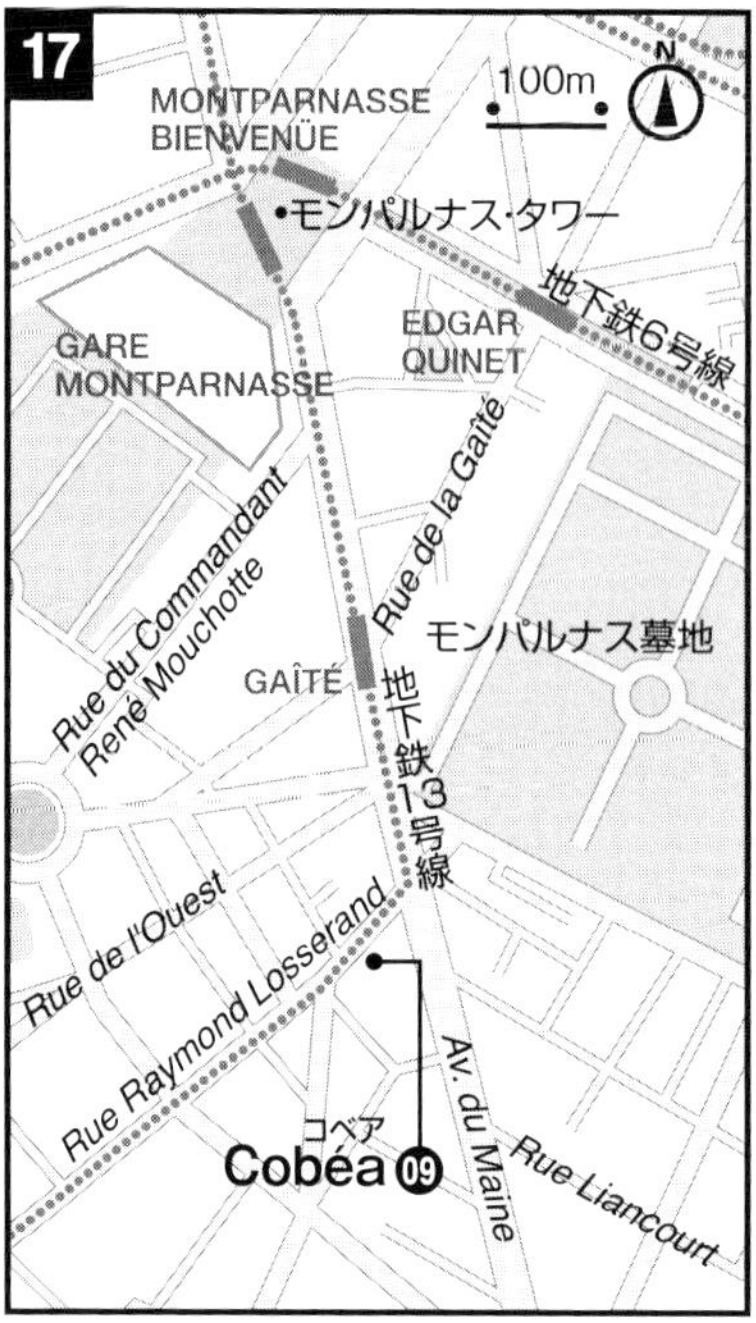
17
100m
N
MONTPARNASSE BIENVENÜE
•モンパルナス・タワー
GARE MONTPARNASSE
EDGAR QUINET
地下鉄6号線
Rue de la Gaîté
Rue du Commandant René Mouchotte
モンパルナス墓地
GAÎTÉ
地下鉄13号線
Rue de l'Ouest
Rue Raymond Losserand
Av. du Maine
Rue Liancourt
Cobéa《コベア》 09

18

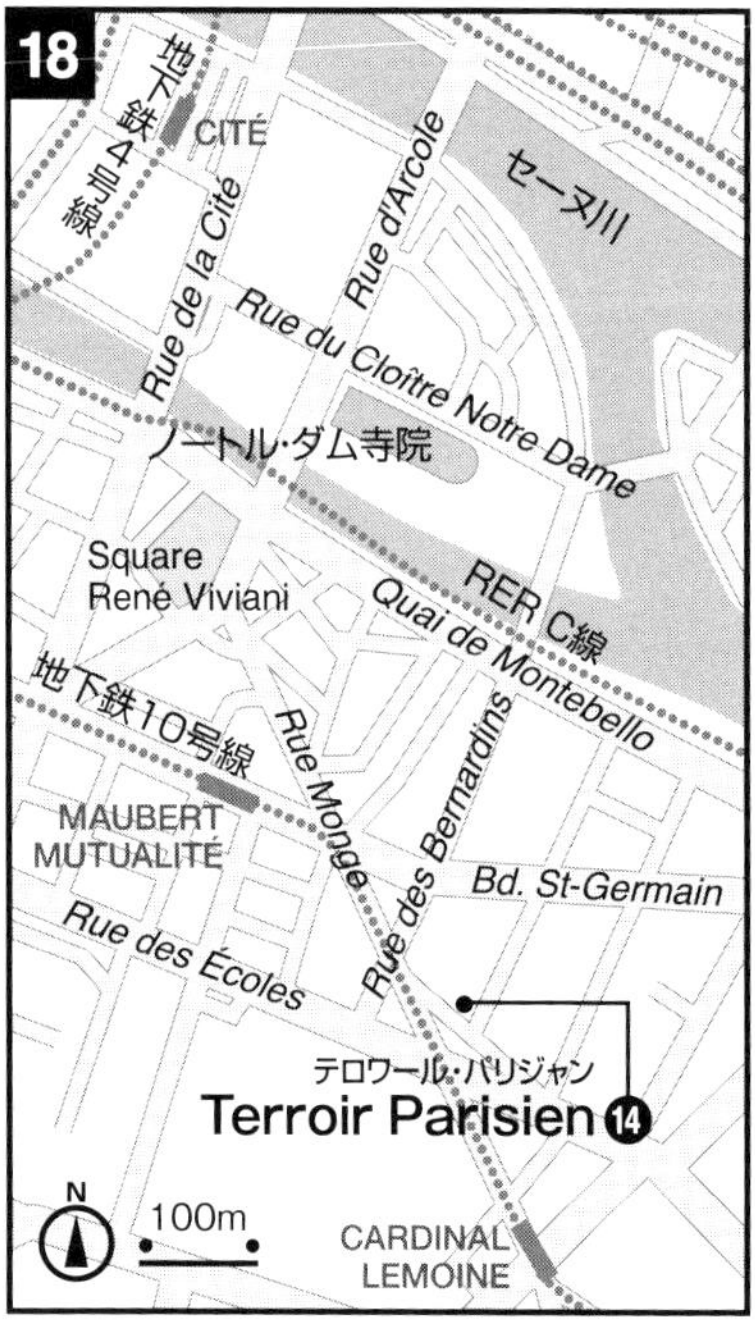
18
地下鉄4号線
CITÉ
Rue de la Cité
Rue d'Arcole
セーヌ川
Rue du Cloître Notre Dame
ノートル・ダム寺院
Square René Viviani
RER C線
Quai de Montebello
地下鉄10号線
Rue Monge
Rue des Bernardins
MAUBERT MUTUALITÉ
Bd. St-Germain
Rue des Écoles
Terroir Parisien《テロワール・パリジャン》 14
N
100m
CARDINAL LEMOINE

14

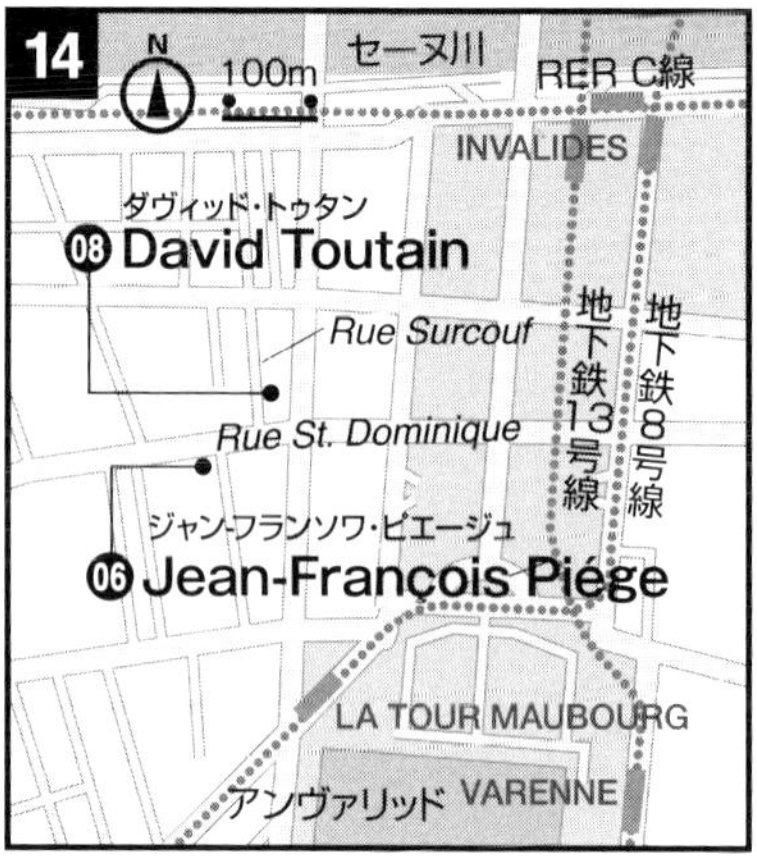
14
N
100m
セーヌ川
RER C線
INVALIDES
08 David Toutain《ダヴィッド・トゥタン》
Rue Surcouf
地下鉄13号線
地下鉄8号線
Rue St. Dominique
06 Jean-François Piége《ジャン-フランソワ・ピエージュ》
LA TOUR MAUBOURG
アンヴァリッド
VARENNE

15

15
LA TOUR MAUBOURG
地下鉄8号線
Av. de la Motte Picquet
Av. Bosquet
アンヴァリッド
Av. de la Bourdonnais
ÉCOLE MILITAIRE
Av.de Tourville
シャン・ド・マルス公園
Griffon《グリフォン》 38
N
100m

16

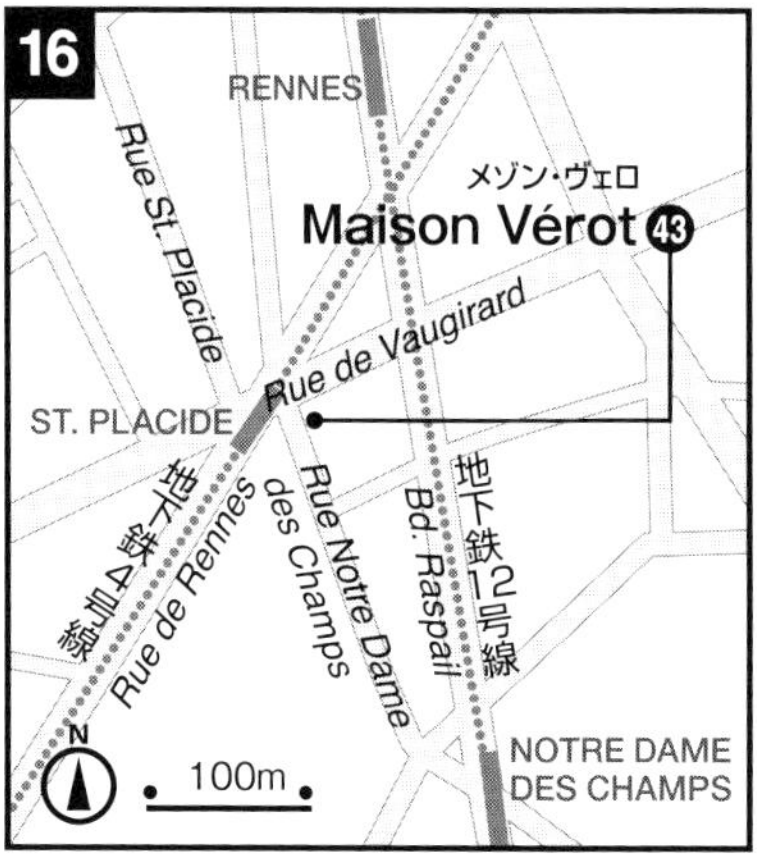
16
RENNES
Rue St. Placide
Maison Vérot《メゾン・ヴェロ》 43
Rue de Vaugirard
ST. PLACIDE
地下鉄4号線
Rue de Rennes
Rue Notre Dame des Champs
Bd. Raspail
地下鉄12号線
N
100m
NOTRE DAME DES CHAMPS

狐野扶実子（この・ふみこ）

'69年、東京生まれ。
パリの名門料理学校「ル・コルドン・ブルー」を
首席で卒業。パリの三ツ星「アルページュ」で
スーシェフ(副料理長)を務め、
パリの老舗「フォション」では初の
女性・東洋人エグゼクティブシェフに抜擢される。
その後、出張料理人として世界的にも
脚光を浴びる。現在は東京を拠点に活躍中。
JALのファーストクラス・ビジネスクラスの
機内食を担当するほか、パリを中心に
レストランやイベントのメニュー開発や
コンサルティングを手がける。
著書も多く、「ラ・キュイジーヌ・ド・フミコ」は、
料理本のアカデミー賞、
グルマン世界料理本大賞でグランプリを受賞。

撮影／武田正彦　吉田タイスケ　村松史郎　齋藤順子
取材・編集協力／鈴木春恵
MAP製作／地図屋もりそん
アートディレクション／藤村雅史
デザイン／高橋桂子（藤村雅史デザイン事務所）

パリのおいしい空気
フレンチレストラン最旬アドレス

発行日　2015年7月6日　第1刷発行

著者　狐野扶実子

発行人　田中恵
発行所　株式会社　集英社
〒101-8050　東京都千代田区一ツ橋2-5-10
電話　（編集部）03-3230-6395
（読者係）03-3230-6080
（販売部）03-3230-6393（書店専用）
印刷所　凸版印刷株式会社
製本所　加藤製本株式会社

ISBN 978-4-08-780758-5　C0095